FSC
www.fsc.org
MIX
Paperi vastuul -
lisista lähteistä
Paper from
responsible sources
FSC® C105338

Työttömyysteollinen kompleksi
Poleemisuudessaan pamfletin rajoilla oleva
esseekokoelma työvoimapolitiikasta

Kustantaja: BoD – Books on Demand,
Helsinki, Suomi
Valmistaja: BoD – Books on Demand,
Norderstedt, Saksa
ISBN: 978-952-80-0098-3

Sisällysluettelo

Johdanto

Keskustelu keskustelusta sekä keskustelijoista on parhaimmillaankin tarkoituksetonta ja tympeää, asioiden henkilöityessä siitä tulee pahimmillaan jopa vaarallista. Pitäisi vain keskittyä sanomaan oma sanottavansa. Minä en siis nyt satojen samanlaisten tapaan vain esittele ja kiittele johdannoksi, kirjoitan vakavasta asiasta. Jospa sen myötä sanottavani varsinaisesta aiheestakin menisi paremmin perille?

Suomen yhteiskunnallinen ilmapiiri ei ole aivan terve. Moni täällä pitää itseään yhteisön tukipilarina, koska ei käsitä ettei käsitä ja ei ymmärrä ettei ymmärrä. Joten hän sujuvasti neuvoo muita, pyydettiinpä tai olivatpa neuvot päteviä eli ei. Eikä kaukana ole aivan häiriintynyt ”opettaminen” ja ”rankaiseminenkaan”, koska pahimmat heistä pitävät jo itseään muiden yläpuolella olevina vallanpitäjinä.

On myös muotia leikkiä tyhmää, liputella oppimattomuuttaan ja luulla koko muun maailman olevan harmiton paikka missä ollaan viihtymässä. Sen sijaan, että kokisi tarvetta ottaa selvän siitä mistä ei tiedä, ja parantaisi tapojaan tuntiessaan herkkäuskoisuutensa sekä lapsellisuutensa häpeän. Kun siis kerran kaikessa muussakin vaatii täysivaltaisen oikeuksia ellei suorastaan suojelua ja erikoiskohtelua.

Siksi on erikseen tarpeen sanoa, että tämä kirja sisältää voimakkaasti kiistanalaista yhteiskunnallista aihetta käsitteleviä erittäin näkökulmallisia kirjoituksia, jotka voivat häiritä, shokeerata tai järkyttää lukijaa. Lukijaa kehotetaan käyttämään omaa harkintaa: lukeeko kirjan lainkaan ja jos lukeekin niin kuinka käsittelee sen sisältöä mielessään.

Essee tarkoittaa pohdintaa, mutta silti näissä kirjoituksissa ei edes leikitä mittaustieteitä. Älä siis kysele oppiarvoani tai virkaani, äläkä tarjoile minulle omiasi. Äläkä selitä, että subjektiivinen tarkoittaa ”vain omaa mielipidettä”. Tiesit kai, että ei niin sanottua objektiivisuutta ole olemassakaan? On vain ne, jotka kertovat rahoittajansa, tukijansa, menetelmänsä ja näkökulmansa/lähtökohtansa. Sekä ne jotka eivät kerro.

Omissani ei ole suuremmin kirjoittamista, riveillä on kaikki sinne kuuluva. Tulin maailmaan työväenluokkaisen yksinhuoltajaperheen lapsena ja siirryin nuoressa iässä turvallisuusalan työn raskaan raatajaksi. Keski-iässä minusta tuli freelance-journalisti ja kirjailija. Tämän elämän elänyt tekee väistämättä tuttavuutta niin Te-Palveluiden, KELA:n kuin sossunkin kanssa, muun teeskentely olisi täysin naurettavaa.

Älä silti selitä minulle yhteiskunnasta, moraalista tai ”oikeudesta”. Käsititpä sen eli et, se puhe on pelkkää laumasieluista pelkuruutta, jota ne harvat teistä keillä on sana hallussaan kutsuvat tavanomaiseksi viisaudeksi. Se muuten on viisauden laji, jolle minä en anna sanottavaa arvoa. Otan siis tässä kirjassa vapauden haukkua, kyseenalaistaa tai nimitellä aina kun se tuntuu minusta hyvältä.

Älä selitä minulle rakentavuudesta tai ettei minulla ole parannusehdotusta. Niitä esitetään vasta, kun keskustelu etenee tasaiselle eli kaikki tietävät yhtä paljon, tarkoittavat yhteiskunnasta puhuessaan kaikkia ihmisiä ja tunnustuvat kaikkien yhtäläisen ihmisarvon. Etenkään viimemainitusta ei keskustella. Piste.

Sitä ennen tuollaiset puheet eivät ole muuta kuin hiljentämisyritys, jolla itsensä ylä- tai keskiluokkaan asemoineet tahtovat vaientaa puheenvuoron, mikä ei miellytä heitä. Siksi toisekseen, enkö olisikin alkanut poliitikoksi, jos minulla olisi kirjoittamisen sijasta mielessäni enemmänkin ihan silkka vallankäyttö?

Älä selitä minulle kielteisyydestä, valittamisesta tai itsekeskeisyydestä. Kuten jo aiemmin sanottiin, tämän kirjan lukeminen vaatii omaa harkintakykyä. Niinikään sanottiin, että kullakin rivillä on kaikki mikä sinne kuuluu. Siispä, kuka sinulle on väittänyt minun kirjoittavan aina vain omasta itsestäni? En ota mitään vastuuta sinun turvallisuudentunteestasi tai viihtymisestäsi. Kasva aikuiseksi!

Myös diktaattoriksi pyrkijät, tottelemisen rakastavat, simputtajat ja muut jokasortin puoli- sekä täyshullut kokevat luultavasti kirjani hankalaksi. Kuitenkin he tuskin ymmärtävät pahan olonsa todellista syytä, eli vikaa omassa minäkuvassaan, ihmiskäsityksessään, maailmankuvassaan sekä vuorovaikutustaidoissaan. Syytön minä siihen olen, jos suora julkinen viestintä aiheuttaa heissä ulkoista oireilua.

Jos taas olet työvoimapolitiikan hyötyjä tai joku joka saa hyvän palkan ja ison talon edut heidän asiallaan juoksemisesta, sanon vain että voivoi. Eikö teille riitä jo työhullu kansa, höylisti palvelevat poliitikot, itsetarkoituksellisen harmiton journalismi ja työnteon väitettyä kannattamattomuutta julistavat lukuisat sepitteet?

Jos te olisitte vielä tämän kirjankin halunneet, valitettava velvollisuuteni on ilmoittaa ettette saa sitä. Kirjoittakaa itse. Niin minäkin jo tein, todisteena siitä on tämä kädessänne oleva nide tai lukulaitteenne ruudulla oleva e-kirja. Tai kirjoituttakaa se jollakulla joka osaa. Todellakin on huomattu että teillä niitä viestihenkilöitä riittää.

Poleemisuus tarkoittaa joistakin riidanhaluista, mutta minulle se tarkoittaa tässä asiayhteydessä normaalia yhteiskunnallista keskustelua, jossa saa sanoa kipakastikin kun on sen paikka. Työvoimapolitiikka on yhteiskunnallinen asia, koska enää ei eletä luontaistaloudessa toinen toisillemme aidan yli toimeksiantoja huikkaillen. Ja kun pelissä on eloonjääminen, on siinä äkkiä kipakkana muutakin kuin vain sanat.

Siksi ei liioin pitäisi hätääntyä, jos joku sanoo kiistakirjoitus eli pamfletti. Kiistan on synnyttävä, koska työttömien etujärjestö on pelleilyä, ay-liike haluaa vain työttömien rahat ja oikeuden puhua heidän nimissään. Työttömien puoluetta ei ole. Eli huomattava osa niistä, jotka saavat kärsiä huonon työvoimapolitiikan vuoksi ovat käytännössä äänettömiä, kun sen sisällöstä päätetään. Tämä on sietämätön epäkohta.

Suomessa asiat vain ovat niin, että jos kolme tai neljä suurinta eduskuntapuoluetta ei halua jotain ongelmaksi tunnustaa tai ei ole keksinyt kuinka se ratkaistaan, on asia saanut jäädä sillensä aina maailman tappiin saakka. Kysymys ei ole Sipilän hallituksen laksatiivi höh nauseatiivi eiku fiktiivi siis aktiivimallista, eikä ”kuntouttavasta” työtoiminnasta, jonka muuten keksittiin Lipponen II:sen aikaan 2000-luvun alussa.

Kaikki tämä ja paljon enemmän on siis tapahtunut yhtä vähän itsestään, kuin ole liioin eilenkään havaittu ongelma. Siksi työvoimapolitiikasta ja kapitalismista kannatti kirjoittaa kirja. Ja vaikket aiheistani piittaisikaan, kysypä itseltäsi että mitä sinun rauhasi ja vakautesi eli käytännössä tietämättömyytesi saa maksaa? Paljonko niiden nimissä saa tehdä toisille vääryyttä?

Jari Kähkönen

Ensimmäinen kirja: Kapitalismi ja työttömyys

Kapitalismin päätuote on työttömyys

Kaikkihan tietätävät pääomavaltaisen talousjärjestelmän, jota sanotaan myös kapitalismiksi, mutta k-sanan sanoo enää vain harva koska tavallaan se on myös kirosana. Yhtä harva on tullut ajatelleeksi, että mikä sen päätuote on niiden ihmisten osalta, jotka eivät hyödy pääoman arvon lisääntymisestä? Heidän, joilla on hämäläisittäin sanoen vain määomaa. Voi kunpa se olisikin vain tyhjää ilmaa.

Kapitalismi ei näet ole ongelmaton menestystarina, jossa kaikki voittavat, eikä kukaan rehellinen sellaista väitäkään. Jo vuosisatoja sitten ylivaltainen työnantaja saattoi tosiasiassa erottaa ihmisiä kylmästi vain jonain aamuna epäämällä heiltä pääsyn tehtaan portista. Ja kiivaimpaan aikaan hankitut koneetkin saattoivat jäädä valmistajansa pihaan, koska ne olivat jo vanhentuneet ennen käyttönottoaankin.

Kokonaiset ammattikunnat ja elinkeinot katosivat historian unohdukseen, kun ensin käsityö kävi vanhanaikaiseksi, ja sitten konekaan ei enää kaivannut jatkuvasti vieressään seisovaa hoitajaa sekä valvojaa. Ympäristön pilaantuminen ja raaka-aineiden tuottajien riisto ovat nekin jo satoja vuosia vanhoja asioita. Miksi ei siis ihan pokkana sanoisi, että valtaosalle ihmisistä kapitalismin päätuote on työttömyys?

No, näsäviisas voi tietysti huomauttaa, että on haksahduttu käyttämään teollisuutta ja kapitalismia rinnan samaa tarkoittavina käsitteinä. Juu, sitähän ne taas eivät lähtökohtaisesti ole. Mutta jos kapitalismin takia teollisuudessa ei ole muuta ohjenuoraa kuin tuottaa aina vain jatkuvasti nopeammin, halvemmalla ja enemmän, niin miten teollisuus ja kapitalismi silloin oikeastaan enää eroavat toisistaan?

Ei kauhistuttavan tuhoisaa lopputulosta sillä sivuuteta, että osoitellaan sormella teon tapahtuneen kiertokuviossa tuolla ja rahojen taas vilahtaneen taskuun täällä. Ei, jos teko tehtiin lisäarvon tavoittelutarkoituksessa, tavoittelijan aloitteesta ja välinpitämättömänä seurauksista eli juuri niiden rahojen takia. Kuka muka uskoo, että mahdollinen etäisyys ei ole ihan tahallaan tehty voitontavoittelun suojaamiseksi?

Karl Marx teki merkittävän työn kansantaloustieteen kriitikkona, koska syntyjään se oli sokea työväestölle, joka oli kaiken liike- ja teollisen toiminnan perusta. Tuon tieteen piirissä näet vaikutti humoristeja, jotka saattoivat ohikätisesti viljellä esimerkiksi työtätekevän köyhän kaltaisia käsitteitä, mutta olla sanomatta sanaakaan heidän puolestaan. Verraten karkeaa pilkantekoa, pakko sanoa.

Näin nimittäin kirjoitti amerikkalainen Adam Smith alan klassikossa jo 1700-luvulla, mutta vielä nytkin maassaan on työtätekeviä köyhiä. Heitä, keiden onni on oma punkka yömajassa edes sen ajan kun nukkua saa. Ja vuorokauden ainoa ateria oli muovirasia pikaruokaa, minkä voi toivottavasti lämmittää uudelleen päivähuoneen mikroaaltouunissa, jos se ehti matkaa taittaessaan syöjänsä harmiksi jäähtyä.

Samaan aikaan Euroopassa oli fysiokratismia harjoittavia, jotka eivät todellakaan olleet sama asia kuin Helsingin Rautatientorin taksijonossa ravintoloiden sulkemisaikaan konttorirottiin turhautuneena päissään mellastava satunnainen

”oikea duunari”. Hekin tosin olivat kyllä sitä mieltä, että ainoa oikea työnteko oli fyysistä puurtamista ja kaikkeen muuhun taas tuli suhtautua syvästi epäillen.

Mikä siis pohjimmiltaan on teollisuuden tai liike-elämän ja kapitalismin välinen ero? Ja onko ero enää meidän aikanamme uskottava? Tottakai, sen joka ei tunne kiertotaloutta käsitteenäkään, on varminta pysyä turvallisella alueella, mutta oikeasti ero lienee samantyyppinen hämäys kuin asettaa kympit, inssit, tuomarit ja mitä niitä kaikkia olikaan estämään työväestöä pääsemästä käsiksi kapitalisteihin itseensä.

Miksi siis kapitalismikritiikissä ei 2020-luvulla vain rohkeasti vedettäisi yhtäläisyysmerkkejä syyn ja seurauksen välille? Sanottaisi, että ei se kapitalismi pääosaa maailman ihmisistä hyödytä mitenkään. Vie raaka-aineet, tärvelee ympäristön, kaltoinkohdellen sortaa ihmiset raunioiksi ja kun kaikki on otettu mikä irti saadaan: ainoastaan työttömyys, köyhyys sekä tuho ja hävitys jäävät jäljelle.

Työttömät ovat aina olleet sankoin joukoin keskuudessamme. Näin oli teollisessa vallankumouksessa, ja niin on siinä tietoteknisenä vallankumouksena alkaneessa jutussa mitä tänään sanotaan digitalisaatioksi ja globalisaatioksi. Missä on ero, jos aikailaisemme suomalainen pyytää robottiveroa ja 1700-luvulla englantilainen pyysi parlamenttiä kieltämään lailla jonkin ihmistyötä vähentävän koneen?

On oikein ottaa lähtökohdaksi syntyvien seurausten surkeus, esimerkiksi työttömyys. Kyllä, koska kapitalismi ilmiönä ei ole lähtökohtaisesti avoin. Sille on leimallista rakenteensa, toimintansa ja etenkin rahojensa salaaminen. Mutta kun se jotain haluaa, tämän juoksuhenkilönsä esittävät väistämättömänä luonnonlakina mihin puuttuminen pudottaisi taivaan niskaan. Unohtuu, että kyllä tämä sittenkin on ihmisten toimintaa.

Osana tätä tarkoituksellista toimintamallia kapitalismi väsyttää, teloo tai surmaa kenet tahansa, joka pyrkii vähänkään puuttumaan toimintaansa. Niin. Jos sopimus- ja oikeusteitse pystyisi tosiaan pysyvästi kohtuullisella panostuksella maailman muuttamaan, ei kukaan olisi koskaan sanonut työn sekä pääoman olevan ristiriidassa keskenään. Sama koskee tietenkin myös työvoiman kääntöpuolta, työttömyyttä.

Kun siis Työtuomioistuimessa tulee vireille juttu irtisanomisesta, paperitöiden a-kohdassa vaaditaan työsuhteen palauttamista yhden rivin toteamuksena, mutta vain jotta sujuvasti päästäisiin kohtaan b. Siinä vaaditaan hyvitykset, vahingonkorvaukset ja kulut, koska kukaan ei oikeasti usko hetkeäkään että kerran pihalle laitettu pääsisi enää takaisin sisälle. Onko se hyvitys vai sittenkin vain herjaus hävityksen päälle?

Pienenä muistutuksen sanon, että jo Ruotsissa asiat ovat osin toisin. Siellä on Laki työsuhdeturvasta, joka mahdollistaa Suomessa lähinnä vuokra-asuntopuolella tunnetut otteet. Esimerkiksi käräjäoikeus voi julistaa irtisanomisen tehottomaksi jo ennen kuin se on tullut voimaan. Mutta käytännössä tämä on vain johtanut siihen, että osa työvoimasta ei enää koskaan pääse talon kirjoille vaan jää iäkseen vuokratyöhön.

Tämä osoittakoon, että kapitalismi on halutessaan kekseliäs ja muutoskykyinen. Nimittäin silloin, kun se vastustaa ja tekee tyhjäksi muiden kuin osakkaidensa pyrkimykset rajata tai muuttaa itseään. Työelämän lainsäädäntö, työehdot, palkat ja muu sellainen voivat siis ajanmittaan kehittyä, mutta silti ne voivat tuskin koskaan ohittaa edes pääoman omistajien välitavoitteita, työvoiman halpuutta ja työrauhaa.

Työttömyys on kapitalismin perusedellytys. Eivät sen palvelijat pidä töissä yhtään enempää väkeä kuin tarvetta on, jos nyt tämäkin perustotuus on todella jollekulle epäselvä. Töissäoleville on terveellistä muistuttaa aika ajoin mieleen maailman kolmanneksi vanhin vitsi eli ”tulijoita on”, ja töissäolemattomia taas kiusataan kuvitelmalla että seuraavana nousukautena hekin voisivat saada työtä.

Ei se nykyinen ”ihmisresurssien” aika ole siis mitenkään parempi kuin isännöitsijoiden ja patruunoidenkaan. Ihminen on yhä hyödyke mikä käytetään loppuun, sekä hylätään kun siitä tulee jäte, eikä mikään entisen henkilöstöosasto -nimen korvannut hooärrä -mikälienee sitä muuksi muuta. Kapitalismi kilpailuttaa duunareita keskenään, jos nyt joku ei tätäkään perusasiaa vielä tajunnut.

Niinikään kapitalismi käyttää työttömyyttä strategisena aseena kokonaisia itsenäisiä valtioita vastaan, koska maailmallisesti 1940-1990 -lukujen välillä olemassaolleet niin sanotut hyvinvointivaltiot olivat kalliita ylläpitää ja pitkälle riippuvaisia korkeasta työllisyysasteesta monine tunnollisine veronmaksajineen. Vai miksi luulette, että naisetkin lähtivät laajassa mitassa töihin myös Suomessa? Niinpä.

Nyttemmin hyvinvointivaltiot ovat kovin usein pelkkiä menneen kuvajaisia elleivät suorastaan kadonneet historiankirjojen sivuille, ja tehtaan avajaiset tai laajennukset ovat harvoin nähtyjä isoja uutisia maassamme. Niin, viimeiset 15 vuotta kun on saatu lähinnä uutisia niiden lopettamisista ja supistamisista, jota on sanottu Kiina- tai milloin miksikin -ilmiöksi, vaikka työttömyyttähän siinäkin on oikeastaan tehty.

Kuitenkin, sanotaan kaikkein salakavalin ja sadistisin viimeksi. Se on työttömien ihmisten hyväksikäyttö, jossa ovat ainakin Suomessa toistaiseksi suurimmin kunnostautuneet lähinnä julkisen sektorin kyljessä loisivat yhdistykset, säätiöt ja surkeat yrityksentapaiset viritelmät. Kunnan linnunpöntönnaulausosastojen ja seudun moppipetteriprikaatien laajuus on totisesti osoittautunut äärettömäksi.

Harva siis enää muistaa, että kuinka kivinen ja kankea aika oli Suomen työmarkkinoilla ennen toista maailmansotaa. Olihan työehtosopimuksia jo 1930-luvulla, mutta ne olivat enintään kaupunki- tai ammattiosastokohtaisia. Jos tuli kina, tavattiin työnantajapuolelta vastata ”en minä tätä noudata kun halvemmallakin tulijoita on”. Ja samalla viskata sopimus kädestään halveksunnan osoituksena.

Kun nyt vuonna 2018 voimaan tuli Sipilän hallituksen työttömyysturvan aktiivimalli, kuka sanoo ettei työttömien hyväksikäyttö roihahda yksityisellä sektorilla aivan kuten metsäpalo saadessaan tuulenpuuskan alleen? Onhan sitä toki tehty tätä ennenkin. Säännöllisesti vaihtuvat ilmaisharjoittelijat ovat korvanneet työvoimaa, jolle olisi muuten joutunut maksamaan palkan ja apurahavirtuooseja on heitäkin nähty.

Niin, ajatelkaapas! On pakko tehdä osa-aikatyötä, että saa täyden työttömyysetuuden, siinäpä älyllinen kuperkeikka vailla vertaa, kuin suorastaan voltti taaksepäin ilman vauhtia. Toistaiseksi yritysmaailmasta on kuitenkin muistutettu ettei nykyisille työmaille enää tuosta vain kävellä sisään, mutta kuinka kauan tämä outo poikkeustila säilyy? Ei kapitalismin rautainen voitontavoittelun laki ole muuttunut miksikään.

Luulisi älyttävän pelätä, että tulossa on tessin murtamista vanhaan malliin. Etenkin, kun vielä pahempaa on luvassa jo tätä kirjoitettaessa. Työnhakuunkin kaavaillaan ulostusmallia, jossa on suollettava määrämitta hakemuksia tahi muuten tulee kaksi kuukautta korvauksetonta määräaikaa kuten karenssia nyttemmin kutsutaan. Milloin nälkäpalkkatyömarkkinat syntyvät Suomeenkin, jos näin kovaa yllytetään?

Olihan Amerikassakin ammattiliittoja ja tessejä muinoin moniakin, mutta eipä ollut kauaa kun osavaltio kerrallaan viimesijaisen vähimmäistoimeentuloturvan saajia alettiin pakottaa töihin. Töihin, joista maksettiin vain lain tekstissä numeroin määriteltyä minimipalkkaa eikä etuja ollut minkään vertaa. Yhdysvalloissa kaikilla on työpaikka, joillain useitakin, mutta silti he eivät pärjää taloudellisesti.

Nälkäpalkkatyömarkkinat siis luomalla luotiin, kun saatiin julkiselta vallalta signaali että kohta alkaa porukka kysellä töitä ja tosi isosti. Englanniksi tätä kutsuttiin from welfare to work -politiikaksi, jonka toteuttivat populistisen törinän ja niin sanotun kulttuurisodan teemoin vaalit voittaneet poliitikot. He, jotka jumalisen isänmaallisista puheista huolimatta vain suoraan sanottuna vihasivat köyhiä ihmisiä.

Ei ammattiliitoilla ole varaa päästää Suomeen syntymään Amerikan mallista tessien ulkopuolista Köyhis I ja Köyhis II -vakanssia, sillä se tietää niiden ajan loppua, mutta kovasti vähissäpä ovat olleet teot Sipilän hullutuksen aktiivimallien vastustamisessa. No, ainakin toistaiseksi. Ehkä liian monella alalla on vielä yleissitova työehtosopimus ja vahva liitto, jotta selviäkään vaaran merkkejä ei nähdä.

Toisilla aloilla ei näet ole kuin normaalisitova eli vain allekirjoittajiaan ja järjestäytyneitä sitova tessi tai pelkät palkkasuositukset. Hullumminkin asiat voisivat olla. Mitä jos tessissä lukee, että se ei koske niitä keiden titteliä ei mainita palkanmäärittelyliitteessä? Niin, näinhän Norjassakin määritellään ne kaikki ikävät, raskaat ja likaiset työt tekevien ruotsalaissiirtolaisten palkat sekä työehdot.

Kyllä työttömyys on kapitalismin päätuote kaikille niille, jotka eivät pääse osille rumasti sanottuna voitosta tai kauniisti puhuen pääoman arvon lisääntymisestä.

Työelämän murros

Moni muistaa, että 25 vuotta sitten oli lama, jossa maan rahat ja omistukset pantiin paikoin rajuinkin ottein uusiksi. Vähintään yhtä moni kuitenkin unohti sen heti, kun itselle tai kenellekään läheiselleen ei käynyt pahasti. Oltiin täysin rinnoin mukana, kun paremmat ajat koettivat lähempänä vuosituhannen vaihdetta, eikä kapitalismikritiikki tai työelämän murroksen havainnointi voisi vähempää kiinnostaa.

Tuolloin oli uuden ajan airueita kuten amerikkalainen Jeremy Rifkin, jonka kaavailut tulevaisuuden työelämästä tuntuivat kovin etäisiltä. Ja vanhoja pessimistejä kuten Paavo Haavikko, joka taas julisti keskiluokan selkärangan murtuneen, sekä koko käsitteen olevan tuhoutumassa. Helppoja voittoja tai tappioita ei ole kirjattavissa, oikeasti työelämän murros on tavattoman moniselkoinen juttu.

On ymmärrettävä, että yhteiskuntamalli missä enin osa väestöstä kuuluu keskiluokkaan hyvine ansioineen, turvattuine elämineen ja muine tykötarpeineen oli seuraus toisen maailmansodan jälkeisestä kasvukaudesta sekä kommunismin pelosta. Näin ei todellakaan ollut siksi, että se olisi ollut hyvä, tarpeellista tai oikein. Se oli yksi kehitysvaihe, joka voisi ja mitä todennäköisemmin kääntyisikin päälaelleen.

Voi sanoa, että 1990-luvun laman aikaan yhteiskuntaamme tehdyt pysyvät muutokset olivat uusliberalistisen käänteen hengestä juopuneiden poliitikkojen hirmutekoja, joita silloin kauhisteltiin. 25 vuotta myöhemmin eletään ihmisluonnon alhaisimpiin vietteihin vetoavan ultrakapitalismin aikaa, jossa kaikki on myytävissä, vaihdettavissa tai varastettavissa eli jo syntymässään valmiiksi hinnoiteltua.

Tämä olisi viimeistään pitänyt käsittää jo reilu kymmenen vuotta sitten, kun voitolliset yritykset alkoivat tavoitella vieläkin suurempia voittoja henkilökuntaansa irtisanomalla, koska jääjät raatoivat kaksinverroin tai toiminto loppui. Yht'äkkiä koko kansa oppi lyhenteen YT eli yhteistoimintaneuvottelut, jonka aiemmin tunsivat vain harvat työmarkkinoiden sisäpiiriläiset. Mutta muutakin oli tässä välissä muuttunut.

Maailma oli käynyt rajoista, tulleista, vyöhykkeistä ja pakoista kevyemmäksi. Mikä ennen oli mahdotonta, oli nyt toteutettavissa tietoneen näppäimistöä näpytellen. Näin liikkuivat ihmiset, pääoma ja tavarat, kun maailmantalous verkottui. Haavikkolaisittain sanottuna, oli edukkaampaa jättää tuote kokonaan tekemättä kuin valmistaa se. Työssäkäymiskyky oli muuttunut arvottomaksi.

Kun tes-shoppailu keksittiin, siitä hätkähti vain se kourallinen ihmisiä, jotka tunsivat työehtosopimuslain. Ja jos rehellisiä ollaan, koko höskä oli vain kehno kulissi, joka oli valettu käsin keskelle talven tuiskua ties mistä hauraasta pula-ajan betonista. Kun patruunat ja asevelisosialistit olivat joko hautaan kaivettu tai öljyvärillä seinällä roikkuvaan tauluun ikuistettu, alkoi välistävetojen sekä rahastuksen aika.

Ilmoitusasiat ja sanelu korvasivat sopimisen. Yritys saattoi jopa uudelleenarvioida toimialansa, vaikka seiniensä sisällä mikään ei oikeasti muuttunut. Riitti, että uusi sopimuskumppani tai työehtosopimus oli vain sen mielestä halvempi, joustavampi ja mielellään molempia. Sekä, mitä ei saatu tehtyä valtakunnallisesti, se asetettiin tulostavoitteeksi, mikä piti saavuttaa paikallista sopimista jäljittelevällä ilveilyllä.

Jos tuolloin kukaan ei enää liioin mennyt lakkoonkaan vaan järjestettiin ulosmarssi niin sanottuna mielenilmauksena, oli rikkoutuvassa työrauhassakin jotain muuttunut. Silläkään ei enää ollut samaa arvoa kuin ennen, että säilymistään olisi kannattanut tavoitella, ja myös sen häiriöitä selostettiin kuin mitäkin sääilmiötä, tuotteen toimitusvaikeutta tai sähkökatkoa. Häiritseekö tämä elämäämme, kysyttiin.

Marxismi-Leninismi ennusti, että ultravaihe olisi ollut kapitalismin historian viimeinen aika, jonka jälkeen seuraisi vallankumous, koska jatkuvasti paheneva voitontavoittelu syöksisi yhteiskunnan epävakauteen ja kärjistäisi luokkaristiriidan. Ehei. Proletaari omistaa nyt osakehuoneiston, auton ja kesämökin tai veneen sekä hänen lapsensa opiskelevat korkea-asteella. He vihaavat työttömiä kuin porvarit.

On tavallaan järkyttävää katsoa pitkää linjaa. Siinä kun ensimmäiset lähiöt tulivat putkiremontti-ikään ja suoriutuvat koettelemuksestaan, niiden asukkaissa löivät kättä nyt jo toisen polven pikkuporvarilliset perinteet, sekä suomalaisen työväestön todellinen hengenelämä: mihinkäänuskomattomuus, omaisuudenpalvonta, vahvemman valta ja ahdasmielisyys. Aiheensa tuntijalle se ei tullut yllätyksenä.

Mutta sitten järkyttyisi, jos ei käsittäisi että työttömiä kyttäävät ja kurittavat virkailijat sekä toimihenkilöt tekevät nuo karvaat teot, koska pelkäävät itse joutuvansa samaan osattomien ulkopuolisten joukkoon. Ja samalla kun tämä tapahtuu, vahingoniloa tursuva keskiluokka vouhottaa työnteon tärkeydestä. He eivät edes näe, että mitä työelämän murros on nyt tehnyt jo omille lapsilleenkin.

Niin, nuo ihanaa elämää viettävät ikinuoret oman elämänsä julkkikset, supermallit, mediaihmiset ja ties mitkä, nehän vasta näky ovatkin. Ammattiliittoon ei liitytä, koska kotonaan ei ole a-sanaa koskaan ääneen sanottu, ja totaalinen tietämättömyys sementoituu lujaksi pohjaksi sekaantuessaan kun periaatteellisesti kieltäydytään ”yhteisistä maksuista” sekä kaikesta vähänkään auktoriteetille vivahtavasta.

Jos keskiluokan lapsi koskaan valmistui yliopistosta tai korkeakoulusta, työ on silti siivoojana tai pikaruokaravintolan tiskin takana, kun taisikin käydä niin että luokkaretki peruttiin ja herrahissi meni juuri pitkään kausihuoltoon. Eteen tulikin luokkapudokkuus takaisin proletaariuteen. Juuri siksi se onkin niin herttaisen pihalla lähes kaikesta, koska tietämättömyys sokeuttaa ja häpeä hiljentää. Turhaan!

Luokkapudokas puhuu siis minimipalkan tyyppisin amerikanismein, koska ei tiedä mikä on työehtosopimus, saati että siinä on sellainenkin kuin vähimmäispalkka. Ei, koskei ylipäätään ole kertaakaan lukenut pykäliä että tietäisi sen olevan minimi eikä maksimi. Hävetäkään ei tarvitsisi. Ei, jos ei oikean itsensä sijasta yritä esittää pääomasijoittajaa tai kuvittele tulevansa koska tahansa löydetyksi lahjakkuutena.

Kun joltakulta menee proletaarin identiteetti, häneltä on silloin mennyt lähes kaikki. Tai mikäli identiteettiä ei ole koskaan ollutkaan, tilalle on kehitetty kaikenlaista korviketta. Leikitään maastopuku päällä sotilashenkisiä pyssyleikkejä tai keksitään jostain joku vielä itseäänkin heikompi vihattavaksi ja potkittavaksi. Ollaan alennustilassa, josta ei hevillä sivistyneeseen työväen aristokratiaan nousta.

Työelämän kurjistuminen on siis monipolvinen kertomus itsessäänkin, mutta ilman sitä ei voi tehdä kirjaa työvoimapolitiikasta. Ne ovat saman lantin kaksi puolta, joissa on oltava sama arvo tai muuten sen ostovoima kyseenalaistetaan. Vertaus kertoo myös kuinka vaikeaa kääntöpuolten on edes nähdä toinen toisensa, saati sitten yhdistää voimansa kamppaillakseen paremman tulevaisuuden puolesta.

Se lienee kapitalistin tarkoituskin, sillä ei maailmassa ole olemassa epäyhdenvertaisuutta, palkkaeroa, nollatuntisopimuksia eikä kaiken sortin vääryyksiä syyttäsuotta. Siksipä keskiluokassa kynsin hampain roikkuva entinen työläinen luulee sinne pääsyään yksin omaksi ansiokseen, ja hänen luokkapudokas lapsensa omaksi syykseen, koska yksinkertaisesti he eivät joko tunne totuutta tai kieltävät sen.

Totuus ei ole sama kuin todellisuus, jälkimmäinen niistä on aina jonkinlainen meleerattu versio, jonka vahvempi on joko ylhäältä määrännyt niin sanotuksi viimeiseksi sanaksi tai varakas ostanut hölmömpiään huijaamaan. Sen puitteissa mikään ei koskaan pelota, satuta tai ole vaaraksi. Ei, koska joko ei ole ongelmia mitä ei pystyttäisi ratkomaan, tai jos onkin niin ainakaan ne eivät juuri nyt kosketa meitä.

Miten ihmeessä työväenluokka olisi muuten pystynyt nielaisemaan 1990-luvun politiikan uusliberalistisen käänteen, joka jatkui kahta kauheampana vaikka Ahon porvarihallitus muuttui Lipposen demarivetoisiksi ministeristöiksi? Sillä erää hyvinvointiyhteiskunta sai vain railakkaasti nokkiinsa ja ilmapiiri koveni, mutta pysyviä vahinkoa ei tapahtunut. Periaatteet kärsivät, mutta eivät murtuneet.

Tuolla politiikalla oli kolme kärkeä: yksityistämiskuppaus, työmarkkinoiden uusjako ja vastikkeellinen sosiaaliturva. Sitä on tehty maailmassa pitkin poikin jo 1970-luvulta lähtien, kun kussakin paikassa on kriisiydytty omsn maakohtaisen kehityksen kautta. Yhtäällä teolliset työpaikat katosivat massamitassa, toisaalla taas aiempi maantieteellinen eristäytyminen ja tiukka maahanmuuttokontrolli murtuivat.

Suomessa 1990-luvulla yritettiin eniten ja kovimmin työmarkkinoiden suunnalla, kun liitot ja tessit haluttiin nurin. Mutta ei onnistunut. Kolmannella paikallinen sopiminen virallistui muotojensa puolesta, neljännellä sen alkeitakin alettiin vasta opetella. Yksityistämiskuppauksia oli jokunen, mainitaan nyt vaikka tänään ranskalaisten omistama Digita. Myös toimeentulotuen ehtoja kiristettiin sosiaalipummijahdin suojassa.

Mutta mitä on Digita verrattuna soteen tai maakuntauudistukseen? Nekin ovat kuitenkin pelkkiä yksityistämiskuppauksia. Nyt yksityisille saalistajille on jaossa moninkertaisesti rahaa, ja toiminnan sisältö vaikuttaa kansalaisten elämään ratkaisevasti tv:n sekä radion jakelua painavammin. Sosiaali- ja terveyspalveluissa voi olla kysymys elämästä ja kuolemasta, jos vastaanotolle ei pääse.

Sipilän hallituksen kilpailukykyloikkakaan ei ollut mitään muuta kuin yritys juosta elinkeinoelämän asioilla ajassa, jossa Elinkeinoelämän keskusliitto ei enää katso olevansa neuvotteluosapuoli lainkaan. Siinä sitä vaan maataan Helsingin parhaalla paikalla odottaen, että paistettu varpujen suuhun putoaa kuin laiskalle kissalle konsanaan, ettei enää tarvitse muuhun vaivautua kuin pureksimaan syödessään.

1990-luvulla köyhä lakkasi saamasta ”etuutta etuuden päälle”, eli käytännössä joutui maksamaan KELA:n työmarkkinatuesta takaisinperintänä kunnalle siltä saamansa perustoimeentulotuen. Tuen, jota oli hakenutkin vain koska asian ratkaiseminen kesti, mutta vuokra- ja ruokamenot taas eivät tunnetusti normaalia virastojoutuisuutta kumartele. Mutta pieni se oli tämäkin konsertto alkusoitoksi, saa tänään sanoa.

On jo ollut elinkautisia karensseja ”elämäntapatyöttömyydestä” ja tuli tekososiaalipalvelu, jonka varjolla teetetään täyttä työtä nollalla palkalla, mutta tuotteille löytyy silti aina ostajansa. Sitten tulivat kaikenkarvaiset aktiivimallit, joiden vastaanotto ei asiaa tuntevaa hämmennä. Työsuhteisessa ja aikapalkatussa työssä olevat kyselevät vieläkin: eikö voi sitäkään vähää vaatia tekemään.

Moisia älyttömyyksiä mälvää vain tomppeli, joka kuvittelee olevansa jotakin merkillistä herrallista aatelissäätyä, jolla on keisarin antama erioikeus työpaikkaansa. Sotesta se ei liioin piittaa pätkääkään, koska käy itse työterveyshuollossa ja muina aikoina lähinnä yksityisellä omalla rahallaan. No, huonoissa varoissakin ollessaan hän piti hyvinvointivaltiota pelkkänä raha-automaattinaan.

Kyynikko minussakin sanoo, että parasta lääkettä moiseen vaivaan on joutua niin karvaasti tosiasioiden eteen ettei siinä enää uneksuta. Kun työ menee, palveluita on vain kahta sorttia eli saavuttamattomat ja liian kalliit, sekä sosiaalinen turvaverkkokin hajoaa. Kyllä, koska silloin yhteiskunta on kylmä markkinapaikka, missä enää vain antajansa arvollisiksi katsomat köyhät saavat elatuksensa hyväntekeväisyydestä.

Realistina tiedän, että sellaista yhteiskunnallisten olojen kriisiytymistä minun ei pidä toivoa. Ei, vaikka kuukausipalkannnauttijoiden "hyvää tarkoittavat" neuvot ja apu raivostuttavat, sekä joka kerta kuolen vähän sisäisesti kun joudun selittämään "mitä tarkoittaa freelancer" jollekin yli 70 vuotiaalle yhden puolison ja yhden työpaikan ajan muinaisjäännökselle. Ei, sillä sellaisissa oloissa en haluaisi itsekään elää.

Empaattisena ihmisenä tiedän myös aivan liian hyvin, että miltä sorto, alistaminen ja pilkka tuntuvat vastaanottavassa päässä, sekä lukemani perusteella käsitän myös vaivoitta mitä ne aiheuttavat kokemuksen pitkittyessä. Mitä puolustamista on vääryydessä, jolla ei ole lainkaan hyviä vaikutuksia ja toteutus tuntuu yhtä ikävälle niin tekijästä kuin kokijastakin?

Elämän pohjimmiltaan arvaamaton ja epäoikeudenmukainen perusluonne ei ole jäänyt minulle epäselväksi taivaltamani matkan kestäessä. Ei hyvästä aina palkita hyvällä, eikä yhteinen etukaan välttämättä johda yhteistoimintaan jaetun tavoitteen saavuttamiseksi. Siksi kai vääryys pysyy ellei suorastaan lisäänny, sekä valtaa ja rahaa pitävät pystyvät peluuttamaan työläisiä työttömiä vastaan.

Kun yhteisö joutuu tiukkaan paikkaan, se jakautuu enemmän kuin helposti kahtia, jolloin yhdet ovat valmiit kylmästi uhraamaan toiset saadakseen itse säilyä koskemattomina tai olla rauhassa. Selitykset keksitään kyllä jälkeenpäin, että miksi niin tai näin oli muka pakko tehdä. Edelliset tuhannet vuodet uskonto ja järki ovat saaneet vuorotella perustana, josta kulloinkin kysytty julistus muotoillaan.

Työttömät eivät pysty yksin määrittämään työvoimapolitiikan sisältöä. He tarvitsevat työläisten, ammattiyhdistysliikkeen ja kaikkien yhteiskunnan rakentavien voimien apua. On ymmärrettävä, että yhteiskunnan rakentaminen ja säilyttäminen vaatii kaikkien panosta. Ei ole olemassa eriarvoisia ihmisiä, on ainoastaan erilaisia hätätilanteita joiden kiireellisyysluokitus vaihtelee.

Vuosia ennen kuin luin Karl Popperin filosofiaa kirjasta, olin jo omasta aloitteestani tullut samaan lopputulokseen kuin hän. Että tässä ja nyt on oltava niin hyvin, että tässä ja nyt pystyy elämään. Vallankumous ja muun toisella puolen inhimillistä käsitystä olevan haikaaminen tulisi jättää vähemmälle huomiolle. Lukemalla opin, että tästä jos poiketaan niin päädytään yleensä aina jonkinlaiseen hirmuvaltaan.

Työläisten ja etenkin ay-aktivistien käsitys työttömistä ei kuitenkaan ole oikeastaan mikään ihme. Länsimaisen ajattelun perinteet ovat yleensäkin aika karkeat ja ylhäältäpäin käskyttävät, työttömien halveksunta on tavallaan sisäänrakennettuna kaikkeen ajatteluun. Tarvitseeko näillä pohjilla olla suurestikaan peloissaan asemansa menetyksestä, että asenteet näkyvät käyttäytymisessä todella karkeasti?

Harva työtön haluaa haluaa viedä työläisen työpaikan tai edes tulla kilpailutetuksi häntä vastaan, joten juuri siksi siihen ei tulisi toimeentulon menetyksen uhalla ahdistaakaan. Ei edes, jos pitää työtöntä ihmistä vähempänä eläjänä, jonka sietääkin saada vähän kuria ja ryhtiä. Siinähän se juuri onkin, loppuun asti ajattelematta jäänyt ajatus johtaa väistämättä vahinkoon, jonka suuruutta ei olisi voitu kuvitellakaan.

Isotellessa ja teutaroidessa saattaa unohtua, että yhteiskunta olemme me kaikki ihmiset. Ihan kaikki. Vain yhteisellä ponnistuksilla hyvinvointivaltio voi koskaan täydellistyä ja muuttua sivistysvaltioksi. Siellä ei esimerkiksi enää keskustella, että onko kaikille, jotka eivät kykene hankkimaan ihmisarvoisen elämän vaatimaa toimeentuloa, järjestettävä välttämätön toimeentulo ja huolenpito.

Työläisten pitäisi siksi käsittää, että heidän oikeutensa siedettävään työelämään ja myöskin aidosti omaan yksityiselämään sen ulkopuolella ovat työttömien ihmismäisen kohtelun kääntöpuoli. Yhteiskunta, jossa työnantaja yrittää lukea työpaikkareportaasin etukäteen, sekä köyhyyden kokemusasiantuntija ei tahdo sanoa koko nimeään Sosiaalitoimittajien seminaarissa puhuessaan, on kaikkinaisesti rikki.

Vain näin rikkinäisessä yhteiskunnassa voitot voivat olla yksityisomaisuutta ja tappiot yhteisesti korvattava vahinko. Yksi vahinko monista on työttömyyskin, josta on viimeisen 25 vuoden aikana tapahtuneen yhteiskunnallisen murroksen kautta tullut hävettävä henkilökohtainen ongelma. Se ei enää ole työn puuttumista, josta seuraisi esimerkiksi vaikeuksia tulla taloudellisesti toimeen.

Hyvinvointivaltion ollessa laajimmillaan, sosiaaliturvan tarkoitukseksi katsottiin tuottavuuden lisääminen. Siksi kehitettiin esimerkiksi työttömyysturvan ansiopäiväraha, jonka tuli auttaa ihmistä säilyttämään suurinpiirtein työttömyyttä edeltänyt tulotaso, että ei synny katkosta, kun häntä jälleen tarvitaan työllisten joukossa. 2020-luvulla ajatus on lähes täysin kadonnut vouhotukseen ja vainoon.

Olisi syytä käsittää, että työnantajana toimiminen ei ole mikään supervoima, jota kaikkien tulee ihastellen kumartaa.

Ihmisarvoinen työelämä on mitä suuremmassa määrin sitoutumiskysymys, joka ei toimi mikäli työntekijän pitäisi sitoutua työhön, mutta työnantaja on sitoutunut vain yksin voitontavoitteluun. Silti moni luulee voivansa tehdä näin, sen näkee niin selvästi työelämän epäoikeudenmukaisuuksissa.

Työttömyys on henkilökohtainen ongelma

Työttömyys on siis nykyään henkilökohtaisen elämän epäonnistuminen, josta on vaiettava. Sen seurauksena niin kunnottomassa työtoiminnassa käyvä pitkäaikaistyötön, kuin yt-neuvottelujen päätteeksi potkut saanut toimittajakin valehtelevat asioistaan. Yksi on muka töissä kunnan verstaalla ja toinen on freelanceri. Aika nolon kotikutoista, mutta tämä onkin vasta alku.

Amerikassa on jo suuryrityksiä, joiden sähköinen rekrytointijärjestämä työntää suoraan roskakoriin hakemuksen, jos jättäjä paljastaa olevansa työtön. Valinnan voi tehdä tuttuun tapaan alasvetovalikosta, mutta täppäyksen seurauksista ei paljon puhuta. Eipä ihmekään, että sanotaan myös että CV on turha heti, kun sillä on pituutta vähintään kaksi sivua vailla kaunisteluja tai jopa suoranaisia valheita.

Työttömyyden muuttuminen ymmärrettävästä työn puutteesta, ja siitä seuraavista vaikeuksista henkilökohtaiseksi ongelmaksi on osa kehityskulkua, jota ilman ei olisi työttömyysteollista kompleksiakaan. Sen toiminnan varmistamiseksi työttömät on demonisoitu ennennäkemättömällä tavalla, josta varsinaisten pitkäaikaistyöttömien lisäksi saavat osansa niin nollatuntiset, taiteilijat kuin muutkin vähätuloiset.

Kehitys näkyy esimerkiksi siinä kuinka työttömyydestä puhutaan. Mitä siitä edes ymmärtää keski-käinen, keskinkertainen ja keskiluokkainen kuukausipalkkainen toimittaja, joka oli itse ”työttömänä” ehkä korkeintaan kolme kuukautta elämästään joko lukio-armeija tai armeija-yliopisto välillä? Tai kuinka on suhtauduttava johonkin toimittajana esiintyvään lounassetelipalkkaiseen kouluharjoittelijaan?

Heistä ensimmäisen aikaan maassa oli vielä sellainenkin kuin työvoimatoimisto, jossa käytiin paikan päällä lukemassa seinänlevyistä ilmoitustaulua. Ohje oli, ettei nuppineuloin kiinnitettyja lappuja saanut repiä irti vaan tiedot tuli kirjoittaa erilliselle muistilapulle. Ja jälkimmäinen taas on yksin oman olemassaolonsa kautta osa teeskentelykulttuuria, josta on jo tulossa vakava uhka koko työvoimapolitiikalle.

Sen näkee jutuista, valitettavasti. Yksi uskoo ammattiselittäjiä aivan kaikessa ja kopioitu tiedote puhuu työttömyydestä unohtaen, että kyllä sellaisiakin on olemassa kuin työttömät ihmiset. Ja toisen edesottamusten vuoksi monet muutkin tässä maassa ovat kohta sen edessä, että heiltä kysytään ”miksi sinulle pitäisi maksaa palkkaa, kun ilmaiseksikin tulijoita on?” Harjoittelijat vaihtuvat eikä työsuhteeseen pääse kukaan.

Isossa kuvassa taas työttömyys ei enää ole leimallisesti lyhyt ja määräaikainen koettelemus, jonka läpi pitää vain sinnitellä. Niinikään, töihin ei enää tuosta vain mennä tai siitä vain oteta, sen estämättä että työttömiä ihmisiä vihaavat vouhottajat kernaasti niin väittävätkin. Puhuuko siinä oma vanhentunut kokemus vuosikymmenten takaa vai silkka ihmisviha ja henkilökohtainen ongelma, en tiedä.

Selviö on, että ilman reaaliaikanäkymän muutoksia ei olisi kovakielistä puhetta ja rumia tekoja eikä päinvastoin. Pysyvää suurta työttömien joukkoa ei pystyttäisi käsittelemään, jos heihin tulisi suhtautua kuin ihmisiin konsanaan keillä on oikeuksiakin.

Silti, kuinka ihmeessä raaka markkinatalous ja hoitoideologia, mitkä ovat toistensa vastakohdat, voivat yhtyä työttömien sortamisessa näin tuhoisasti?

Lienee siis nyt olevan niinkuin on sortamisessa yleensäkin. Ensin eristetään joku joukosta, mutta vasta kun joku alkaa nauraa tai lyö ensimmäisen kerran, kaikki yhtyvät väkivallantekoon joukolla. Miksi se ei työttömien kohdalla alkaisi jo yhteiskunnassa, jossa vahvemmat ovat keskenään sopineet että kyllä ihmisessä itsessään on täytynyt olla jotain vikaa, kun on kerran työttömäksi joutunut.

Miksi ei? Johan 1930-luvun talouspulaksi kutsutussa lamassakin työttömyystöihin otettiin vain perheellisiä, koska...heh...työlinja ja perhepolitiikka yhtyivät toisiinsa niin ainutlaatuisen kovalla tavalla. Työttömyystyöt olivat lähes ruokaa vastaan tai nimellisellä korvauksella tehtävää työtä, jota julkinen valta järjesti omasta mielestään hädänalaisia auttaakseen. Tosin tänään eivät enää saa armoa perheellisetkään.

Eikä vähäinen ole käsittämätön hyvien neuvojen paljouskaan, jolla työttömän pitäisi korjata koko henkilökohtaisen elämänsä kaikki mahdolliset viat. Olkoonpa ne sitten todellisia tai vain epäsympaattisen katsojan omassa päässä olemassa olevaa kuvittelua. Sellainen hävyttömyys ei voi olla muuten mahdollista, kuin jos työttömän ihmiskäsitys on tärvelty, ja siten oikeutettu kohteensa mielivaltainen kohtelu.

Voisi myös olla, että työttömyyden uudelleenmäärittely henkilökohtaiseksi ongelmaksi on oikeastaan hätähuuto. Kun kansallisvaltio, protestanttisuus, ydinperhe, heteronormatiivisuus ja valkoisen miehen ylivalta ovat loppunsa edeltä ajautuneet vaikeuksiin muuttuvassa maailmassa, sitä kovemmin kohdellaan niitä heikkoja keille enää mitään mahdetaan. Haisevat jäljet johtavat paskaduunikeskusteluun.

Kylmenevien savupiippujen Suomessa oli 2000-luvun taitteessa käynnissä melkoinen arvojen mullistus. Enää nuoret eivät sanoneet, että työ on miehen kunnia vaan haistattivat melko kitkerästi edeltävälle sukupolvelle tässäkin suhteessa. Niinikään julkisesti rikkautensa näyttäneiden teknomiljonäärien taru oli lopussa, mutta heidän myötään oli tullut hyväksyttäväksi syljeskellä työläisten niskaan lehtihaastatteluissa.

Työetiikassa ei sinänsä ole mitään vikaa, mutta olisi syytä käsittää maailman muuttuneen ratkaisevasti sen syntyajasta. Ei enää eletä luontaistaloudessa eikä muutenkaan oloissa, joissa jokainen on enemmänkin yksityisyrittäjä tai heh ”omassa toiminnassaan työllistyvä”, kuten työhallinnon omituisessa rinnakkaismaailmassa on tapana nyttemmin sanoa. Muuten elämän ohjenuora muuttuu hirttosilmukaksi.

Koska työttömyys on jokatapauksessa saatu määriteltyä henkilökohtaiseksi ongelmaksi, työvoimapolitiikka on nyt toimenpidetasolla kireämpää kuin vuosikymmeniin. Te-Palvelut -niminen virasto ei enää välitä työtä vaan lähinnä kontrolloi ja lausuu. On keljuttava työtoiminta, jonka väärinkäytöksistä saisi aikaan tyystin oman kirjansa ja tulossa on kaikenlaista aktiivisen mallista kurjistusta.

Kuntouttava työtoimintakin oli alunperin tarkoitettu niille, jotka eivät olleet yhtäältä täysin kypsiä eläkkeelle ja toisaalta eivät soveltuisi töihin tai Te-Palveluiden normaaleihin työllistymistä edistäviin palveluihin. Väitän, että tuokin laki muuten olisi jäänyt syntymättä ilman nyt puheena olevan työttömyyteen kohdistuvaa kielteistä arvottamista. Joku sen väitetyn aktiviisuuden puutteen ongelmallisti.

Mutta ei karvasta tekoa ilman arvopohjaa. Suomalaisille varhaisälyköille paljonkin hengenevästä antanut saksalainen G. W. F. Hegel (1770–1831) kannatti voimakkaasti kaikkien yhtäläistä ihmisarvoa, mutta häilyi pahasti siinä kuinka sanojensa mukaan ”alhaisoa” piti kohdella. Niinikään hänellä oli erikoinen käsitys, että itsenäisellä persoonalla oli velvollisuus olla tekemisissä toisten kanssa.

Että mitä? Ei tulisi voida katsoa, että jonkin hyvinkin tulkinnanvaraisen oikean kansalaisen mittapuun täyttämättäjättäminen johtaisi yksilön perusoikeuksien rajoittamiseen tai peruuttamiseen. Niinikään jokaisen läsnäolovelvoite omassa elämässään on kohtuuton ja perverssi ajatus, koska eihän se elämä enää silloin olisi hänen omansa. Siitä olisi tullut kilpailu tai vähintään suoritus.

Jos suomalaista työvoimapolitiikkaa pidempänä linjana katsoo, moiset kummallisuudet ovat aina olleet olemassa, mutta painotukset ja sananmuodot ovat vuosikymmenittäin vaihdelleet. Hegeliläisyyden syytä on minun mielestäni yleisesti järjenpalvonta, joka on suuntauksen perushokeman mukaan väistämättä johtava kuvitelmaan, että toisen elämää katsova näkee ja myös ymmärtää kaiken heti.

2020-luvun kynnyksellä siis uskotellaan, että työttömyys on muka henkilökohtaisen elämän epäonnistuminen, jonka jälkeen seuraavat pahemman kerran kontrollia eikä ihmisten auttamista olevat toimenpiteet. Edistystä on vaikea nähdä, jos vaikka sinänsä onkin historiallisesti totta, että enää esivalta ei puutu työttömään kansalaiseen aivan niin kovakouraisesti kuin muinoin. Halveksunta on nimittäin silti yhä läsnä!

Tänään halveksuntaa osoitetaan esimerkiksi selittämällä työttömille ihmisille, että työttömyysetuus on itseasiassa palkka työnhakemistyöstä. Väite on naurettava, koska tarjolla olevan työn ja työttömien ihmisten määrän välillä on niin räikeä ristiriita: liikaa työttömiä sekä liian vähän työtä. Luulenkin, että koko aivopierusta on vastuussa vain joku New Public Managementista juopunut konsultinluikuri.

Se NPM on hyvinvointivaltion kaatoajattelun viimeisin kotkotus, jossa jotain palvelua tarvitseva asiakas on nyt jo kuvattu suorastaan viholliseksi. Edeltävät vaiheethan olivat yksityiskohtainen sääntöohjaus ja sittemmin tulosohjaus, mutta väliäkö hällä koska se on pelkkä poliittiseen tarkoituksenmukaisuuteen perustuva väärinkäsitys. Toivoo toivoo, mutta ei siitä synny, saisivat jo uskoa.

Pitää myöntää, että ei inhimillisyytensä menettäneen te-virkailijan tai päällerynnivän mulkkusossun kohtaaminen ole sattumanvaraista huonoa tuuria. Tietenkin, vähäinen ammattitaito ja täysin puuttuva kyky olla ihmisten kanssa tekemisissä surkeuttaa heistä kärsivän arkea pahasti, mutta silti en sen paremmin vapauta vastuusta kuin yllytä tekemään väkivaltaakaan. Järjestelmää ei muuteta tällä tavalla.

Mutta sen sanon, että olkoonpa nimenä suomettuminen, itsesensuuri tai vaikka sitten civic protection mechanism, se takaa että asiakkaaksi sattuneessa riskihenkilössä vääriä nappeja painellut järjestelmänpuolustelija ei ylös noustessaan lakeereja saa. Jos nyt enää ilman apua ylös pääseekään, sillä ulkoinen väkivalta on niin vaikeasti annosteltavissa, että seuraukset ovat lähes aina jokseenkin arvaamattomat.

Olkoon vahtimestarin tai vartijan askeleet kuinka rivakat, sekä voimankäyttövälineet hyvät ja -taidotkin erinomaiset, niin sitä enempää ei yksikään vouhottaja tai järjestelmänpuolustelija tosipaikassa saa. Lainmukaiset seuraukset voivat tulla ja henkilökohtainen asiointi jatkossa evätä, mutta itse teko vaietaan kuoliaaksi. Piti älytä olevansa pelkkä työrukkanen, joka hylätään rikkoontuessaan tai likaantuessaan.

Yhteiskuntamme rahoja sekä valtaa pitävälle eliitille joka ainoa työttömien rääkkääjä on siis yhtä arvoton ja merkityksetön kuin kohteensakin on. Se pätee kaikkiin aina alhaisimmasta työpajan työvalmentajasta sosiaaliturvajärjestelmän pääjohtajasviittien kokolattiamatoille asti. Eivät ne itse asiallaan juokse, te hölmöt teitte likaisen työn eliitin puolesta, ja kaikille ei edes maksettu siitä käypää palkkaa.

Uskallan kirjoittaa e-sanan, mutta samalla teen selväksi etten ole minkäänsortin salaliittohöperö ja ettei työvoimapolitiikan kritiikissäni tunneta minkäänlaisia inhonväri-, syntyperä- tai uskontokysymyksiä. Yhteiskunnan hengen muutos eli pahojen sanojen keksiminen ennen pahoja tekoja ei ylipäätään ole helppo asia selvittää tuoreeltaan tapahtumahetkellä, aina siitä tulee jonkinlaista arkeologiaa.

Ainoa toivo onkin saada ajan hengestä kiinni ja pyrkiä haastamaan se siltä osin, kun nähty esitys ei kelpaa. Joskus asioita pystytään muuttamaan ennenkuin mitään lopullista tai vakavaa tapahtuu, joskus taas ei. En liioin aja minkäänsortin vallankumousta enkä lahkolaisuuttakaan, sillä sama oman ajattelun kuoleentuminen ja henkilökohtaisen vastuun kato on läsnä niissä molemmissa.

Työttömyyden uudelleenmäärittely henkilökohtaiseksi ongelmaksi voidaan siis tiivistää ajatukseen, että mitä peitellään tai mistä ollaan peloissaan, kun moisia älyttömyyksiä huudellaan. Yksinkertaisetkin määritelmät sijansa saakoon, koska on kiusallisen selvää etteivät kaikki halua tai jaksa arvokeskustelua. Heille riittää, kun kuullaan lyhyesti missä on vika, kuinka se aiheutui sekä miten korjaus tapahtuu.

Joskus kysymys on riittävän haastavasta tilanteesta henkilökohtaisessa elämässä, joskus ihan silkasta laumasieluisuudesta. Siitä, että ihminen haluaa samaistua, kuulua joukkoon, tulla nähdyksi, saada vahvistuksen ja ennenkaikkea kuulla tarinan. Siksi maailmassa ylipäätään pahaa tapahtuukin, koska melkein kaikki lueteltu tapahtuu vaistopohjalta loogisen ajattelun suojamekasmit ohittaen.

Etsittäessä maailman neljänneksi kuluneinta kielikuvaa, tulisi puhua sen oksan sahaamisesta minkä päällä istuu. Muuten ei tässäkin tavattu ”hyviin tyyppeihin” samaistuminen ja heidän tarinoidensa uskominen olisi mahdollista. Se, mikä on toiminut hyvin kivikautisella nuotiolla, on digiyhteiskunnassa lähestulkoon arvoton muinaisjäänne, jota voisi oikeammin ottaen sanoa jo vaaratekijäksikin.

Työttömyyden esittäminen henkilökohtaisena epäonnistumisena on vain yksi tapaus monista, mutta jotakuinkin näin se on jalkautunut maahamme, kun sinne tuli 1990-luvulla uusliberalismi mikä on nykyään jo ultrakapitalismia. Ilman tätä käännettä ei nyt olisi ruohoa leikkaavaa ja vanhuksia hoitavaa postinjakajaakaan. Asiat eivät suinkaan tapahdu tyhjiössä, vahingossa eivätkä ainakaan itsestään.

En ole tämän koko yhteiskunnan tasolla tapahtuneen käänteen käsittelyssä tarkoituksella maininnut lainkaan työttömän työnhakijan velvollisuuksia. En liioin puhunut niistä yksilöistä, jotka haluaisivat vain ryypätä, maata sohvalla tai ”olla rauhassa työttöminä”. Epäilemättä sellaisiakin joukkoon mahtuisi, kuka muka on tämänkin ihmisjoukon tutkinut ja siten oikeutettu tekemään siitä mitään yleistyksiä?

Eikö voida vaatia ja onko se nyt tosiaan kohtuutonta -ovat mihinkään johtamattomia turhia keskusteluja, joita olen käynyt kyllin naamatusten ihmisten kanssa jo kauan ennenkin kuin aloin kirjailijaksi. Nyt opastukseni mukaan tulikin sensijaan älytä, että kuinka juuri tässä aiheessa ollaan niin tuhottoman olettavaisen kaikentietäviä. Syyttömyysolettamakin kääntyi syyttömyytensä todistamisvelvollisuudeksi.

Jotain oli pahasti pielessä jo silloin vuosia sitten, kun presidentti Sauli Niinistökin kehtasi puhua oleskeluyhteiskunnasta. Kyllä, koska oikeustieteellis-teoreettisesta koulutuksestaan huolimatta hän empimättä vahvisti vuonna 2017 työttömyysturvan aktiivimallilain, jonka perusteella saamatta jääneeseen tai olemattomaan palveluun osallistumattajättämisestä seuraa kohtapuoleen taloudellinen sanktio.

Siksi en lähtökohtaisesti halua vapauttaa vastuusta ketään valtionjohdosta toriparlamentin vouhottajiin asti. Olkoonpa rahaa jahtaava, vallantavoittelija tai silkan mielenahtauden ja huomionkipeyden tähden ääntelehtijä, on oltu pahemman kerran mukana jossain sellaisessa mistä olisi pitänyt älytä jäädä pois. Seuraukset nähdään vuoden 2018 keväällä, kun penalttia alkaa tosissaan paukkumaan.

Haksahtamiselle on ollut useita syitä, mutta se on selvä että olipa sitten solisti tai kuorossa, niin näin rumat rallit olisi pitänyt älytä jättää laulamatta. Ja jos siitä ei joudu tilille, saattaa koska tahansa ajan muuttuessa haksahtaa uudemman kerran, sortaen jotain uutta syntipukkia. Siksi he eivät ole rikkoneet vain työttömiä vaan myöskin itseään vastaan, eikä siitä yhdellä anteeksipyynnöllä selvitä.

Jotta yhteiskuntamme kokonaisuutena säilyisi elinkelpoisena, on työttömien vainoamisessa paljastunut syntipukkiajattelu lopetettava, jotta kukaan ei enää joutuisi kokemaan vastaavaa. Kysytty muutos on siis todella perinpohjainen ja kaikkia väestöryhmiä koskeva, mutta niin sen tulee ollakin, koska onhan tätäkin pelleilyä jo kyllin kauan katseltu. Aiotaanko vielä työnhaunkin aktiivimallia odottaa?

Toinen kirja: Työllistävä vaikutus

Työ ja työnhulluus

Sanottiin, että työ oli miehen kunnia. Ei ollut 1900-luvun suurmieselämänkertaa ilman pitkiä kuvauksia asiantuntijuuden, journalismin tai politiikan ulkopuolisesta niin sanotusta oikeasta työstä. Se ei ole itsestään syntynyt lähtökohta, sattumaa tai vain kannatuksen kalastelemiseksi lasketeltua markkinointiviestintää. Kyllä täällä on aina oltu jokseenkin työtä palvovia, ellei suorastaan työn hulluja.

Vaihtoehdottomuus on ollut ilmeistä. Esimerkiksi Onks pakko jos ei haluu -ajattelu on loppujenlopuksi verraten tuore käsite, jota esiintyy vain erittäin rajatusti ja silloinkin lähinnä maamme kaupunkiseutujen nuorissa. Miksi olisikaan? Ei ole ollut esimerkkejä, ei ole ollut tilaa ja niskassa painoi kaikenkattava sorto, joka ulottuu jo sellaiseen aikaan, kun suomen kielestä ei ollut olemassa kirjoitettua muotoa.

Kun esimerksi kirkkoherra kirjoitti laumansa jäsenestä kirkonkirjoihin, että sys(lo)lös, oli kyseisen toimettoman tai joutilaan otsassa leima joka ei vähällä lähtenytkään. Saattoiko tuolloin edes saada passi(tukse)n, jolla matkustaa töitä jostain etsimään? Sanomatta on myös selvä, että sinällään kunnossa olleen mainetodistuksen merkitys kääntyi päälaelleen, jos sen alussa mainittiin moinen ammatti.

Ei siis ihme, että etenkin Karjalan pohjoiskolkassa puhutaan yhä Miun Työstä. Kolkassa, jossa asuvat ovat isäntiä, toisin kuin länsinaapurin savolaiset jotka taas ovat piällysmiehiä. Täällä ollaan myös lähes täysin vailla rajantaka- sekä etäläisempien heimon osien sosiaalisuutta, vilkkautta ja huumorintajua. Itseasiassa, se vertautuu enemmänkin Etelä-Pohjanmaahan kuin mihinkään muuhun osaan Itä-Suomea.

Olkoon siis äänenlähteenä mikä tahansa teollinen ylimmäisen välivällyn kiristyksen valvojan apumies tai kiinteistönhuollon päivystävä lumikolaan nojaaja-avainketjunjatke, sanoessaan Miun Työ, ollaan hetken niin muikeana että Turvallisuus- ja kemikaaliviraston laserlaiteluokitukset alkavat soveltua. Se pankoon siis suojalasit päähänsä, jolla moiset sattuu olemaan!

Perinteen kieroutuminen johtuu huonon esimerkin kaikenkattavuudesta. Oli herrat luokitteluinen, luetteloineen ja otsaanlyötyine leimoineen. Mutta oli myös muinaiset metsä- ja hevosmiehet kuten edesmennyt ministeri Esa Timonen, jonka aateperinnön kriittinen avaaminen odottaa yhä tekijäänsä. Hänhän oli itse Mr. Lapiolinja, jonka aikana siirtotyömaat kukoistivat niinkuin ei koskaan ennen eikä jälkeenkään.

Pohjois-Karjalan maaston ja ilmaston ankeus on tietysti vaikuttanut asiaan. Täällä on ollut pakko asua itse tai talkoilla rakennetussa omakotitalossa, koska vaihtoehto oli taivasalla oleminen. Minkäänsortin asumispalveluita ei ollut tarjolla. Talon taas oli sijaittava keskellä itse viljeltyjä peltoja, koska joko kauppoja ei ollut olemassakaan tai niiden hintoihin ei ollut varaa. Näin se oli aina 1970-luvulle asti.

Mutta jos talonpojan pojanpoika tai pojanpojanpoika ei tänään enää omista maata sitä vähää, että saisi takapuolensa omalle tontille laskea sekä suurta on lähinnä puheet, niin mitä hän menneiden mystisten hevos- ja metsämiesten ajatuksiakaan haikaa? Haikailtu oli käytännössä yksityisyrittäjä. Hänellä oli jo kotitarpeita varten välineet maataloudesta talonrakennuksen kautta aina metsäteollisuuteen asti.

Nyt on toisin. Jos kukaan ei osta työn tulosta teettäjältä, eikä tämä maksa tekijälle palkkaa, joka on silloin työlakien sekä sosiaaliturvan piirissä, niin työtä ei ole olemassakaan. Ihan sama kuinka kova ääni lähtee tai miten vuolassanaisesti maalaillaan, harjoituksen kohde on silti pelkkää mielikuvituksen tuotetta. Onko työ siis enää siunaus ja ilon lähde, vai sittenkin pahe tai peräti sairauden oire?

Oikeastihan äänen lähteenä oleva hyvin todennäköinen kunnan palkannauttija haluaa vain kupata valtion työllistämis- tai aktivointirahat kustantamaan oman porukkansa nimellisesti työhyvinvoinniksi teemoitetun päivän huvittelun sekä illan ryyppäjäiset. Niihin ei muuten sitten kuntouttavan työtoiminnan raskaan raatajia mukaan oteta, mutta onneksi moinen porsastelu loppuu yleensä nopeasti, kun tieto siitä leviää.

Tämän estämättä vuodatusta liian läheltä seuraava tulee kummastellen ajatelleeksi, että esiintyykö kyseinen ”isäntä” toimitusjohtajana vaikkei todellisuudessa ole suorittavaa työtä tekevää haalaripelleä kummempi? Toisinaan on nimittäin vaikea sanoa, että kuvitteleeko tuo keksineensä työnantajansa vai peräti koko työlajinsa käsitteen laajassa maailmassa. Niin mahdotonta on Miun Työstä retostaminen.

Huomautukseni älyllisestä epärehellisyydestä ovat täysin yleisinhimillisiä. Moisen öyhöttäjän työtä tai mitään hänen omaansa en tahtoisi itselleni, enkä voisi edes sietää huonoa onneani jahka ne tuntemattomasta syystä tulisivat vaivoikseni. Olen kovasti pahoillani, mutta en kykene kadehtimaan jotain mihin en sovellu ja mihin en hyvin todennäköisesti koskaan haluaisikaan soveltua.

Älyllinen epärehellisyys taas on moninkertaisesti ”isännän” itsensä suustaan työttömien ihmisten niskaan suoltamia hävyttömyyksien kuuroja vakavampi asia. Jos ei tyydy laukaisemaan hänelle vastaavaa törkeyttä takaisin päin naamaa, ja aja mokomaa elämöivää karjalankarhua käpälämäkeen, taustalta alkaa puhutettaessa pilkistää hyvinvointivaltiodenialistin ruma kuvajainen.

Se ei suostu myöntämään, että elämä on arvaamaton ja epäoikeudenmukainen kokemus. Sensijaan se on hänen mielestään silkkaa oman onnensa seppäilyä, jossa ei oikeasti pitäisi olla olemassa sellaista käsitettä lainkaan kuin esimerkiksi työttömyysetuus. Ei pysty samaistumaan, koska työttömässä ihmisessä on aina ne kaikki inhottavat ominaisuudet, joita hän itsestään hylkii.

Osa on äkkikäännynnäisiä, jotka uskollisina poikavuosiensa tolloudelle ja nuoruutensa kapeakatseisuudelle toitottavat nyt työn ilosanomaa kaikille halukkaille sekä haluttomuuttaan osoittamattomille. Toinen osa on pian keskeltämme poistuvaan polveen kuuluvia vanhoja äijänkäppyröitä, jotka ovat yhä ensimmäisessä vakityöpaikassaan. Kun he katoavat, uusia odotettaneenkin seuraavat sata vuotta.

Heidän mielestään työttömyysetuutta ei siis tulisi olla olemassakaan. No, ehkä voisi sentään olla köyhäinapua, mikä sekin tulisi jakaa ruoka-aineina. Tai korkeintaan tarjolla voisi olla takaisin maksettavaa lainaa. Nämä ajatukset eivät ole uusia, jos yleensä tuntee taloushistoriaa tai erityisesti Suomen sosiaaliturvan kehitysvaiheita. Kokeiltiin, mutta huonoja olivat ja juuri siksi piti paremmat löytääkin.

Junttimaisuuden, ahdasmielisyyden ja tietämättömyyden pilkka on halpaa, johon ei pidä painotuotetta tuhlata. Oikeutukseni onkin siksi yksinomaan se, että nuo oman luulonsa mukaan vain totuutta puhuvat kansan syvien rivien vilpittömät toimivat tekosyynä ja suojana yhteiskuntamme rajulle suunnanmuutokselle. Mutta sille taas ei ole kukaan antanut valtuutusta ja juttuakin on kuultu vain harvoin.

Vuonna 2018 on kiusallinen teemavuosi, jona hehehe ”ne molemmat ääripäät” tulivat tahoillaan tehneeksi hirvittäviä asioita maksimaalisen virheellisin, ellei suorastaan sanoisi harhaisin perustein. Siksi työvoimapolitiikassakin kyse on äärimmäisen vakavista asioista, jotka on otettava puheeksi joko kauniisti tai rumasti. Kuinka pitkä matka juntin vouhottamisesta oikeastaan on vastikkeelliseen sosiaaliturvaan?

Luultavasti nimittäin saman perheen naispuolisko on niitä, jotka kuudensien yrittäessä keskustella terveydenhuollon ammattihenkilön vastaanotolle pääsemisestä, mäkättävät puolestaan ettei vastuuta terveydestä voi jättää viranomaisille. Tämä on juuri sitä itseään, denialismia, vääntäytymällä vääntäydytään asentoon missä ulkoiset asiat saadaan lopulta vastaamaan mielensisäistä ankeutta.

Hyvinvointivaltiodenialismi ei ole harvinainen ilmiö, kun sanan varsinaisessa merkityksessä sitä hyvinvointivaltiotakaan ei edes ehditty elää kuin jokin reilu 30-40 vuotta. Esimerkiksi ihmiset luulivat yhä, että terveyskeskuksessakin lääkärille piti maksaa kuten oli aina tarvinnut, kun maksuttomuus kansanterveysideologian periaatteena kumoutui lopullisesti 1990-luvun lamassa.

Denialismi ei katso ikää, syntymäpaikkaa, koulusivistystä tai mitään ulkoista arvoa. Sen näin, kun lukion englannin tunnilla eräässä varhaisessa opetuksen integrointikokeilussa kieltä vaihtaen kävimme läpi tulevan terveystiedon kokeen knoppeja. Terveyskeskusmaksu ei ollut koealueella, mutta tein kuten aina ennenkin, piruuttani kysyin asiaa silti, ja lehtori kertoi...todellakin oman näkemyksensä.

Oppikirja ei ollut ottanut asiaan varsinaista kantaa, kävi vain täysin kiihkottomasti sivu sivun jälkeen läpi argumenttejä niin puolesta kuin vastaankin. Mutta englannin opettajamme oli heti automaattisesti sitä mieltä, että maksu tulee ottaa käyttöön koska järjestelmää väärinkäytetään. Niinpä. Väitän, että vastaus ei perustunut tietoon, vaan oli silkka ihmiskäsitykseen ja maailmankuvaan periytyvä sisikuntareaktio.

Siispä, nyt vuosikymmeniä myöhemmin 2020-luvun kynnyksellä työn hulluus tunkkaa yhä pystyyn hyvinvointivaltiodenialismia, joka ilmenee suoranaisena työttömien ihmisten vihana. Emme näet enää elä kovaa rankaisevassa suljetussa kuriyhteiskunnassa, joten todellakin tänään avuttomatkin nauravat ja lahjattomatkin laulavat meidän keskellämme. Aina olemassaolleet ajatukset rohjetaan ilmaista.

Väitän, etten liioittele moisen ja vastikkeellisen sosiaaliturvan välistä yhteyttä.

En sen jälkeen, kun Elli Aaltosesta tuli Kansaneläkelaitoksen pääjohtaja ja mokoma junantuoma ei ollut vielä edes etelään vieville kiskoillekaan päässyt, kun jo antoi haastattelun vääristellen työttömyysetuuden "rahan maksamiseksi kotiin". Ei tämä ollut juntteja mielistelemään tarkoitettua mediastrategiaa, kyllä se oli jo sitä itseään.

Ei sosiaaliturvan täytäntöönpano-, valvonta-, asiantuntija- ja lopulta johtotehtävissäkin toiminut yhteiskuntatieteiden tohtori muuten tuollaisia puhu. On tapahtunut harkittu näkemyksellinen käänne. Eli toimittu kuten 1960-luvun vasemmistososialidemokraatit 1990-luvun oikeistosellaisina hallituksen ministereinä. Myönnettiinpä tämä tai ei. Haastan sen vastaamaan, joka uskaltaa!

On ollut iänkaiken selvä, että maan rahan- ja vallanpitäjät vihaavat köyhiä, joiden he tahtovat olevan pois sekä silmistään että kukkaroltaankin, mutta niin sattuman, yleisen ihmisrakkauden kuin puuttuvan laajamittaisen aivopesunkin vuoksi ajatukset eivät tähän asti jalkautuneet laajasti. Toki, röyhkeät kakarat riekkuivat köyhien lapsia keskellään, mutta inhottavuudestaan huolimatta ei koskaan menty sen pidemmälle.

Aikuisten kesken ollut ymmärrys, että köyhiä ollaan enemmän vähemmän kaikki, kuka yleisesti ja kuka erityisesti syömäköyhä. Miun Työstä vouhottajat rikkoivat siis toiminnallaan tämän aiemman sosiaalisen sopimuksen, kun ryhtyivät vertaisiaan sortamalla nousemaan heidän yläpuolelleen. Tämä toiminta ei alkanut tyhjästä eikä sattumalta, ja se myös tekee asiasta painotuotteeseen sopivasti vakavan.

Erityisesti Pohjois-Karjalassa moinen on nostanut päätään merkittävässä mielessä vasta aivan viime vuosikymmeninä. Nyt ne pussin perälle jääneet keitä ei massamuuton vuosikymmeninä raijattu teollisuuden palvelukseen, tai tyrkättiin sieltä ennen aikojaan takaisin paluupostissa, alkoivat teutaroida kylänraitilla kuin olisivat eivät vain enemmistö vaan suorastaan ylivaltaisia valkoisia miehiä konsanaan.

Tässä kohtaa herkkätuntoisten korvissa alkanee jo naputtaa Frederikin Rensselit pykälään -kappaleen alkutahdit, mutta nauruun ei ole aihetta. Ei, sillä Miun Työstä vouhottajien lapsista ne maakunnan pahimmat skinheaditkin aikanaan tulivat eivätkä ajattelussa ehkä tapahtuneetkin pinnalliset muutokset ole vaikuttaneet mihinkään sen syvemmin. Nyt ne vain sortavat työttömiä, ihonväriin tai kieleen kysymättä.

Välissä oli hetkellisesti parempikin aika, kun maamme ”moraalinen enemmistö” eli SMP ei vain valaistunut vaan suorastaan paloi hallitusvastuussa. Elettiin 1980-luvun punamultahallitusten, konsensuksen ja iltalypsyjen aikaa. Kukaan ei sitä uskonut, mutta velvoitetyöllistämislaki lopulta syntyi ja eli aikansa. Sen kautta julkinen valta yritti oikein rahalla ostaa ihmisille vähintään vuoden kestäviä työpaikkoja.

Kun keskustellaan työhulluudesta, on vedettävä ajatusviiva siitä menneen mystisestä metsä- ja hevosmiehestä velvoitetyöllistämislain hengen kautta Miun Työstä vouhaajaan. Jostain siitä välistä löytyvät myös 1980-luvun taloudellisen nousukauden hehkutukset Suomesta Pohjolan Japanina, minkä menetyksen häpeästä ja tuskata työhulluusvouhotuksessa on kysymys arkitasollaan.

Ilman tätä ajatuskulkua ei synny täysin päätöntä oletusta, että työtä olisi yhä tuosta vain otettavissa niinkuin kypsät marjat pensaasta ämpäriin poimisi. Velvoitetyöllistämislain haamun kummittelun täytyy olla se aiemmin tuntematon linkki menneen ja nykyisen välillä, koska eihän tietämättömyys ja takapajuisuuskaan mahdottomiin asti kanna. Enemmän tarvitaan. Miksi se ei olisi tämä?

Yhteiskunnan ylätasolla, jossa monasti kirottu vaan harvoin nähty eliitti asustaa, on aivan toisenlainen asialista. Jos se vihaa köyhiä ja käy kurjistamistoimien kautta jotain merkillistä sissisotaa heitä vastaan, niin ei se kyllä keskiluokkaakaan sylkäisemättä katsele. Luokkaa, joka tosiaan haavikkolaisen pessimismin määritysten mukaan alkoi vähän kerrassaan kuolla jo 1990-luvun lamassa.

Keskiluokan kasvu etenkin laajasti ala- ja työväenluokasta nousemalla on historiallinen poikkeama, joka oli mahdollinen vain kerran vuosituhannessa. Kaikki oli kohdallaan. Kun 1940-1990 -lukuja elettiin oli yhtä aikaa niin työntöä, tukea ja vetoakin. Työväenluokan sankaruudesta ei riittänyt John Lennonin kuuskytlukuhaistatus eikä liioin mikään eilispäivän kotomainen huumorirallikaan.

Hyvinvointivaltio oli kaikissa suhteissa tahdon asia, sopimus. On turha luulla, että köyhien keskinäinen sopimus olla sortamatta ja lannistamatta tosiaan hieroen vertaisensa nenään...no, köyhyyteen olisi rikkoutunut

yksinään. Kyllä sen on eliittikin osaltaan rikkonut, sitä meidän ajassamme aina vain yleisemmäksi käyvä ”menkää vaikka metsätöihin” -tyyppinen läpänheittokin kertoo.

Se on ilmapiirin kypsyttämistä varsinaisen julkisen hylkäyksen tai irtisanomisen kuuluttamisen edeltä. Moista ei kuitenkaan tehdä samalla holtittomuudella tai röyhkeällä vouhkaamisella, kuten kylänraitilla möskyävät hyödylliset idiootit tekisivät. Eliitti tietää, että jos sanoo liian aikaisin tulee vastarintaa, ja jos taas sanoo väärässä paikassa niin maali reagoi vihapäissään. Kaiken pitää olla täysin kohdallaan.

Kaikki oikeat manipuloijat tietävät, että kohteesta on kauttarantain jatkuvasti ja hyvissä ajoin puhuttava edeltäpäin pahaa. Työlista kuuluu: kyseenalaistus, maineen mustaus sekä valehtelu. Energiankäyttö on myös esitetty suuruusjärjestyksessä, pienin lohko on viimeisenä. Ensimmäinen isku, potku, likaavan ja haisevan heitto niskaan sekä pilkkanauru röhähtää vasta kun kaikki on valmista.

Yhteiskunnan tasolle vietynä havainnollistus on seuraava. Jokainen joka on lukenut teologi Niemöllerin keskitysleirirunon voi muistella sitä, ja joka ei mistään mitään tiedä, voi nyt googlettaa runon esiin. Juuri kertojan säkeen ”eikä kukaan ollut puhumassa puolestani kun minut vietiin” -tilannetta eliitti haluaa. Uskokaa nyt jo, että pahat ajatukset johtavat pahoihin sanoihin ja päättyvät lopulta pahoihin tekoihin.

Minä en vihaa. En vihaa eliittiä enkä Miun Työstäkään vouhottavaa kyläläistä. Suunnitelmia on varmasti maailmassa vielä hurjempiakin ja tuhoisampiakin kuin ultrakapitalistinen hyvinvointivaltion romutus. Niinikään ihminen ei ole lopun ikäänsä yhden ruman sanan tai teon vanki, mutta minun mielestäni keskeisintä on tajuaako edes mitä tuli sanottua/tehtyä ja mitä tekee sen jälkeen.

Joidenkin yksittäisten vouhottajien erityisen vastenmielisyyden vuoksi en minäkään täysin malta mieltäni, josko sittenkin typerät puheet johtaisivat typeryksenä käsittelyyn. Mutta missään tapauksessa en toivo vouhottajien ja työttömien ihmisten välistä vastakkainasettelua, sekä tahdon tehdä selväksi ettei koskaan ole ainuttakaan riittävän hyvää syytä tehdä väkivaltaa toiselle ihmiselle.

Väkivalta on välttämättömyyden taidetta, jota harjoitetaan vasta kun muu ei auta. Sitä on pirullisen vaikea annostella ”oikein” ja ainuttakaan väkivallantekoa ei enää saa tekemättömäksi. Tulosta voi selitellä loputtomiin ja kohteen tapaamista voi vältellä ehkä hyvinkin lahjakkaasti, mutta tästä huolimatta tekijäkin saa kantaa tekoaan mukanaan iäisyyteen asti. Myöntääpä sen tai ei.

Yhteiskunnalliset erimielisyydet kuten esimerkiksi kansalaisen perusoikeudet tai sosiaaliturvan taso ovat ehdottomasti kysymyksiä, jotka tulee ratkaista rauhanomaisesti. Edellytykset ovat heikot, jos yksi pelaa omaa peliään ja kertoo niin vähän tosiasioita keskustelun alustukseksi, että jo pimityskin käy ylisanaksi. Tai jos toinen käy estoitta heikompansa kimppuun, joka voi puolustautua vain mitenkuten.

Erheellisiin lähtökohtiin perustuva työn ylpeys, joka kieroutuu työhulluudeksi, ei ole oikeuttava peruste toimia katalasti, röyhkeästi tai armottomasti kanssaihmistään kohtaan. Jos näin siitä huolimatta toimii, muuttuu hyväuskoiseksi hölmöksi, joka älyämättömyyksissään tekee karvaita tekoja sellaisen puolesta, mikä ei pidä häntä itseään yhtään telottua uhriaan suuremmassa arvossa.

Tulisi siksi älytä kysyä, mutta harvoinpa kukaan vaivautuu, että mitähän sinä työhullu kuvittelet omasta työelämästäsi, jos vastikkeellinen sosiaaliturva tulee? Sen sinä nimittäin edestäsi löydät, jos vaikka niin onkin etteivät vouhottajat kirjoja lue. Jotkut harvat kirjallisuuden harrastajat lukevat, mutta he tuskin liittyvät edellämainittuihin muuten kuin mahdollisen satunnaisen perhe- ja sukuyhteyden kautta.

Oman käytöksensä puolustelunsävyinen parhainpäin selittely voi tapahtua esimerkiksi siinä, että vedotaan omaan kovaan ellei suorastaan katkeraankin elämänkokemukseen. Se on inhimillistä. Jo perustason tietoon

psykologiasta kuuluu näet ymmärtää, että ihmiselle oma moka on aina satunnainen poikkeama, mutta toisen moka taas on muka osoitus hänen huonoudestaan ihmisenä.

Siispä, monenkin nyt Miun Työstä vouhottajan menneisyydestä löytynee varmasti niin työttömyysturvan ansiopäiväraha- kuin työmarkkinatukijaksojakin, jos asiaa viitsisi oikeasti tutkia. Missä se ymmärrys sitten tarkkaanottaen loppuu ja vouhottaminen ”hänen rahoillaan” elämisestä oikein alkaa? Sen jos tietäisi. Suhteellisuudentajun puutetta, kaikkityyni.

Kuten tämäkin. Maamme taannoisen turvapaikanhakijaryntäyksen hellittäessä aiemmista vastaanottokeskuksista alkoi tulla entisiä, joten eteläsuomalaiset vouhottajat saivat loistoidean. Tyhjä tila piti muka täyttää kantasuomalaisilla asunnottomilla. No, johan pääsi aivopieru, saattaa vain nauramasta hellitettyään sanoa! Tuosta vainko porukka autoon vaikka sitten väkisin ja suunta tuntematon?

Ikänsä etelän kaupungissa asuneen raijaaminen sinne missä ei ole edes välttämättä kirkonkylän kioskia, ja bussikin kulkee ehkä kerran päivässä suuntaansa, lienee jo seudulla vakinaisesti asuvan syntyperäisenkin mielestä huono vitsi. Kyllä, vaikka hän muuten työttömiä ja asunnottomia ihmisiä kovasti halventaakin, etenkin kotimaakuntansa syntyperäisiä sellaisia.

No, onneksi maassa on sentään vielä vapaa liikkumisoikeus ja jokainen saa valita asuinpaikkansa itse. Kukaan kenen ajatuksilla on oikeasti väliä ei luultavasti koskaan kuullut moisia törinöitä, saati edes harkinnut niiden toteuttamista. Jos taas ajatus kadun puremista uuden raatteentien taistelijoista, ikuisen vapun aukion sankareista ja puukkobulevardin pärjääjistä ällötti – hyvä. Niin pitikin!

Esimerkistäni piti käsittää, että miltä ylhäältä komentaminen tuntuu omassa niskassa, kun pitäisi tuosta vain sopeutua joka oikkuun. Sen mukavammalta ei Miun Työstä vouhottajan esiintyminen yleensä tunnu työttömästäkään. Ja juuri noin toimi se lapiolinjakin, jota ne heistä haikaavat, keillä nyt yleensäkin sattuu olemaan sana tai perustiedotkaan hallussa. Mutta onko kaikki todellakin näin yksinkertaista?

Ehkä unohdettiin hyvinvointivaltiodenialismille läheistä sukua oleva yksi juttu. Se on hyvinvointivaltio yksityisomaisuutena. Miksi muuten esimerkiksi hyvinvoinnin mallimaa Ruotsi teki näkyvän käännöksen tulosuuntaan vaikkapa nyt 1990-luvulla vapaakoulujen myötä? Jostakin se vapauden ja yksilöllisyyden kaipuu sai voimansa, sekä samalla myös mursi sosialidemokraattien aseman valtapuolueena.

Niin, kävisihän enemmän kuin helposti järkeen, että itsensä keskiluokkaan nostaneet, tai ainakin kuluttajuudellaan ja elkeillään siihen samaistaneet työväenluokkaiset ressukat nousevat pöydästä syötyään kylliksi. He toki sanovat kiitos, mutta eivät omista ajatuksen puoltakaan sille, että olikohan pöytään ehkä vielä tulossa toisiakin tai olisiko heitä pitänyt oikein kutsua.

Todelinen työväenluokka ei ole hengenkauneudella kirjottu, joten kun sen kehnoimmat ainekset höpsähtävät meidän aikojemme vihasaarnaajien nollasummapeli -tyyppisiin aivopieruihin milloin missäkin aiheessa, syynä ei välttämättä aina ole ihmiskäsitys. Tai oikeammin ottaen puuttuva käsitys kaikkien ihmisten yhtäläisestä arvosta, josta ei enää edes pitäisi joutua keskustelemaan.

Mitäpä jos usein silkaksi nihilismiksi määriteltävä asennoituminen lähteekin liikkeelle minäkuvasta? Että itse ottaa itselleen kaiken minkä saa tai pystyy, mutta oman lähipiirinsä ulkopuoliset taas hylätään oman onnensa nojaan. Minun mielestäni Karl Popperkin tarkoitti esimerkiksi tälläistä itsekkyyttä, kun kuvasi vallankumouksesta väistämättä seuraavaa sosiaalisen järjestyksen romahtamista.

Niin, toki, koska tälläerää itsekkyydeksi kutsuttu asennoituminen on ihmisen aito suhtautumistapa lähimmäisiinsä sekä yhteiskuntaan, se voi siksi olla olemassa myös maksimaalisen vastavallankumoukselliseksi peliliikkeeksi tarkoitetussa hyvinvointivaltiossakin. Kuvitellaan, että jos kulloinkin syntipukiksi osoitettu piruparka saadaan lyötyä matalaksi, itselle jäisi enemmän.

Eivät eurooppapolitiikan sotkevat hutikansanäänestykset ja suurvallan ylimmäiseksi twiittaajiksi valitut pellemäisen vastenmieliset liikemies-näyttelijät ole meidän aikamme ilmiö. Niille virtaa antavat juuri samat iänkaikkiset ihmisluonnon katalat voimat, jotka saavat omimaan hyvinvointivaltionkin. Että itse pitää aina saada kaikki, mutta niiden työttömien taas ei pidä saada mitään.

Työllistävä vaikutus

Kun tehdään turhaa työtä, tavataan sanoa tekemisellä olevan ainakin työllistävä vaikutus. Tällä itseironisella lohkaisulla on kuitenkin vankempi ankkurointi suomalaiseen todellisuuteen kuin luulisi. Tiedetään jo, että koko t-sana on ylhäältä päin tapahtuvaa vallankäyttöä, jossa on parhaimmillaankin kyse sen näyttämisestä että muka jotain tekisi vaikkei oikeastaan tapahtuisikaan yhtään mitään.

Näin on mitä suuremmassa määrin työvoimapolitiikassa. Maailman viidenneksi vanhimman vitsin täytyykin siksi olla, että mitä tapahtui kun Suomeen perustettiin työvoimaministeriö? No, työttömyys lähti jyrkkään nousuun. Oli sitä toki aiemminkin yritetty, silloin esimerkiksi kulkulaitosten ja yleisten töiden ministeriön nimellä, sekä julkisen vallan pitämää järjestettyä työnvälitystä on sitäkin niinikään tehty jo kauan.

Jostakin kumman syystä ihmisen ei vain anneta olla edes köyhä, vaikkei hänen puolestaan pystyttäisi tekemään paljon mitään. Esimerkiksi julkinen kerjääminen on ollut periaatteessa aina joko tarkasti säädeltyä tai kokonaan kielletty. Tämä on ollut totta niin Suomessa kuin maailmallakin, ainoastaan käytettyjen keinojen karkeudessa on ollut hieman kausittaista vaihtelua.

Miten erosivat toisistaan raaka ruumiillinen kidutus Keski-Euroopan malliin, Englannin maastamuuttokielto ja suomalainen vankeuden uhalla tehostettu palveluspakko? Yhteiskunnan

ylätasolla päämäärä oli ohjailla työvoimaa paikoin hyvinkin karkeasti sinne minne kulloinkin hyväksi katsottiin. Yksi oligarkki pyysi ja toinen toimitti, niin häiriintynyt yhteiskunnallinen solidaarisuus määräsi.

Näin päästään vanhoissa vitseissä noin numero kymmeneen, sanotaan vain että ainahan näin on tehty. Ihmiskunnan kovuus kanssaihmistensä kohtaamisessa ja oppimishaluttomuus tai -kyvyttömyys yksinkertaisesti häkellyttävät. Siksikin kirja työvoimapolitiikasta puoltaa paikkaansa, koska ei yksinkertaisesti voi hyväksyä, että sama kurjuus tehdään uudella nimellä tai vähän pehmeämmin ottein.

Ihminen on laumaeläin. Se tykkää samaistua toisiin, saada vahvistuksen oikeassaololleen ja suorastaan rakastaa tarinoita. Tämä on samanaikaisesti inhmillisyyden suurin voima ja suurin uhka, koska ilman sitä ei koskaan tapahtuisi mitään merkittävää yhteiskunnallista edistystä, mutta toisaalta myös juuri siksi mitä käsittämättömin taikausko, ennakkoluulot ja suoranaiset valheetkin kukoistavat.

Suomen työvoimapolitiikan perinteet olivat siis kokolailla kovakouraiset, kun maamme tuli itsenäiseksi. Kansakunnan ensimmäisessä lamassa teetettiin hätäaputyötä, jossa hädässä oleva ihminen sai lähinnä olla avuksi muille joko ruokapalkalla tai nimellisellä korvauksella. Kumma kyllä, myös työttömyyden syy on aina kiinnostanut ja tämä nosti työhallinnon esiasteen roolia.

Olennaiseksi kysymykseksi tulikin, että miten työttömyys erosi irtolaisuudesta? I-sana näet merkitsi käytännössä ensin varoitusta, sitten valvontaa ja lopuksi lähtöä laitokseen. Eroa tehtiin vielä 1960-luvulle asti sillä, että oliko ilmoittautunut työnvälitystoimistoon ja saiko elatuksekseen huoltoapua. Arvollisella köyhällä ei niinikään ollut päihdeongelmaa, hän ei prostituoinut itseään eikä tehnyt rikoksia.

No, puolensa oli tällä kaidalla tielläkin pysyttelemisessä, jos vaikka sinällään ei heti kaltereiden taakse joutunutkaan eivätkä viranomaisetkaan ahdistelleet kovasti. Huoltoavaun saaja oli näet velvollinen korvaamaan maksetun huoltoavun kunnalle aina 1970-luvulle asti ja jos ei korvannut niin joutui aluksi vankilaan ja myöhemmin huoltolaksi kutsuttuun sosiaalivankilaan. Sinne joutuivat myös elatusavun laiminlyöjät.

Suomen kultturiradikaalien antiautotaarinen siipi, Marraskuun liike, oli monialainen toimija. Sen eräs saavutus monista oli paljastaa, että miten läheinen suhde laitosten asukeillaan teettämällä pakkotyöllä ja esimerkiksi irtolaisuudella on niin sanottuun normaaliin työvoimapolitiikkaan. Mistä johtuu, että työttömiä ihmisiä kohdellaan yhä niinkuin rikollisia tai toisinaan peräti irtolaisia?

Toisen maailmansodan aikana maassa oli myös työvelvollisuus, ja senkin ajan pitkä varjo etenkin pinnareiden sekä hangoittelijoiden leiriin toimittamisen muodossa heijastuu yhä yhteiskuntaamme, vaikka itse tarinan tuntee enää harva. Tahtoo eli ei, päätyy nopeasti kannattamaan ajatusta, että unohtaa sitä ei ainakaan pidä tai muuten epäinhmillisyyden kierre on loputon.

Niin, eihän sitäkään enää kukaan muista, että työhallinto kirjoitti joskus litteroitakin eli julkisen liikenteen matkalippuja, joilla työllistettävä sai matkustaa kotipaikasta työpaikkakunnalle. Yhdensuuntaisesti ja yhden kerran. Kuka pääsi tehtaaseen ja kerrostaloasuntoon, kuka joutui siirtotyömaalle ja parakkiin. Oli siis mitä ääripäätä hyvänsä, aina ne jotenkin pakottivat, kontrolloivat ja rankaisivat työttömiä.

Tunnustuksellisen sosialistisessa yhteiskunnassa on myös aina lakisääteinen työpakko. Neuvostoliitossa näin luki peräti perustuslaissa ja vielä ironian huippuna Raamatusta lainatulla lausella, mutta siinä taas ei ollut mitään hupaisaa että työttömän rikosnimike oli loisiminen ja tuomiona linnaa.

Työnteko oli toisaalta myös oikeus, jos ei pyytävälle annettu, valituksen sai osoittaa paikalliselle puolueosastolle.

Eräät ensimmäisistä Natsi-Saksassa keskitysleiriin toimitetuista ihmisryhmistä olivat työnkarttajat eli työttömät. Muistaen niinikään tuon aatesuuntauksen viehtymyksen maantienrakennukseen, on vastaavasti kysyttävä, montako kilometriä Suomen maantieverkostosta on sodan jälkeen tehty lapiolinjalla eli nimellispalkalla ja parakissa työmaalla asuen? On tämä muuten melko paksua ironiaa, täytyy sanoa.

Niin Hitlerin Taistelussa kuin Marxin Pääomassakin on riittävästi viittauksia väkivalloin täytäntöönpantuun pakkotyöhön myös vallankumouksen jälkeisessä maailmassa, joten havainto ei ole missään tapauksessa sattumanvarainen. On kysyttävä, että mistä oikeastaan puhutaankaan, kun nimellisesti puhutaan työstä? Ja valitettavasti tämä kysymys tulee myös Suomen mielestään liberaalille demokratialle.

Eipä siis ihme, että filosofi Karl Popperin elämäntyö oli nimenomaan muistuttaa meitä länsimaisen ajattelun tavattomasta kovuudesta, joka on yhtä totta olkoon pontimenaan sitten uskonto tai järki. Ensin kaikki yhteisön ahdasmielisyyteen sopimaton nähtiin loukkauksena Jumalalle, ja sitten alettiin palvoa järkeä eli syyllistyttiin kaikkiin tunnettuihin logiikan hassutteluihin. Joihinkin useasti.

Kun siis suurempi ajattelun viitekehys ja kotomaisetkin perinteemme olivat tälläiset, ei Suomen nykyisen työhallinnon toimintatapa pohjimmiltaan ole mikään ihme. Moitittavassa menettelyssä löytyy yhä, jos sitä edes epäillään, työttömyysetuuden maksatus katkaistaan. Ulos ei saa edes niiden päivien etuuksia, jotka olivat jo sisällä ennen väitettyä rikkomusta. Rikkomusta, jota sitäpaisi vielä vasta selviteltiin.

CV:n laatimis-, käsipäivänsanomis- ja muut vastaavat hupailukurssit ovat kohtalaisen vanha vitsi, niistä on puhuttu jo 1990-luvulta lähtien, tuloksetta. Silloin kuitenkin tapahtui myös muutakin pahaa, joillain kursseilla alettiin teettää työharjoittelun ja nykyään työssäoppimisen nimissä ilmaista työtä. Tämäkin uutuus jäi pian pysyväksi osaksi järjestelmää ettei siitä oikeastaan enää edes suuremmin puhutakaan.

Ero entiseen oli kuitenkin suuri. Teollisuuden huippuvuosina kurssit säännönmukaisesti johtivat niiltä valmistuvat suoraan varmaan työpaikkaan, joka pysyi sitä seuraavien vuosikymmenien ajan. Kurssit, joiden aikaista ylläpitoaankaan ei paikkakunnalle matkustamisesta alkaen tarvinnut yleensä maksaa täysin omistaan. Yhteiskunta muuttui ja niin muuttui käsitys työn arvostakin, siinäkö kaikki?

Ei välttämättä. Koska siis niin sanotun yhteiskunnan valtavirran armottomuus työttömiä ihmisiä kohtaan ei sinänsä ole kadonnut minnekään aikojen saatossa, matka ruumiillisesta kidutuksesta ja vapauden riistämisestä jälkimoderneihin töihin ilman palkkaa ei loppujenlopuksi ole pitkä. Seuraava hullutus on niin sanotut välityömarkkinat, jotka eivät ole kuin silkka hoitoideologinen illuusio.

Toinen vuonna 2017 50 vuotta täyttäneen Marraskuun liikkeen oivalluksista oli paljastaa hoitoideologian käsite. Se oli oikealle hoidolle kuin neuvostoliittolainen oikeuspsykiatria oli länsimaisen lääketieteen piirissä toimivalle psykiatrialle. Koko juttu oli silkkaa sanamagiaa, kun toisen maailmansodan jälkeen yhteiskunnan marginaaliryhmiä vainottiin kuten ennenkin, mutta vain vähän kevyemmin ottein.

Marraskuun liike teki maamme marginaaliryhmille, työttömät mukaanluettuna, suuren palveluksen arvostelemalla hoitoideologiaa. Kansa näki, että pelkkä koppihoito jokaviikkoinen pyykinvaihto ainoana niin sanottuna toimenpiteenään oli inhimillisesti ottaen julmaa, ja tulostensa vähyyden puolesta yhteisten varojen tuhlausta. Mutta oli pahemman kerran haihattelua luulla, että kaikki olisi ollut tässä.

Kritiikin kohde omi alunperin arvotonta huuhaata merkinneen hoitoideologian käsitteen itselleen ja alkoi käyttää sitä toimintansa määritteenä. Alettiin jopa mainostavaan sävyyn kertoa, että millainen hoitoideologia on siinä ja siinä palvelussa. Tämä mekanismi on minun mielestäni takana, kun ajatellaan niin sanottujen välityömarkkinoiden syntyä.

”Työmarkkinoiden”, joille tulevat ovat yhä vain karvan päässä irtolaiseksi nimittelemisestä, vaikka i-sana on poistettu rikoslaista jo noin 30 vuotta sitten. Niin, mutta ovatpa kuitenkin, koska ei työttömiä ihmisiä muuten katsottaisi voitavan kohdella miten tahansa. Ja koska nyt työttömyysajan kestosta tehdään täysin mekaanisia oletuksia, joita käytetään sellaisenaan ”aktivoinnin” perusteluna.

Moralismi työttömyydestä ylipäätään on tänään muuttunut mediallisesti levitellyksi syyllistäväksi yleistämiseksi tapausesimerkein, jotka eivät yksinkertaisesti kestä minkäänlaista päivänvaloa tai tarkastelua. Oman syyn hakemisesta muistuttaa enää työttömyyden syyn tutkinta, kun ensi kerran Te-Palveluissa ilmoittautuu, mutta siitä selviää joko paperitöillä tai suhteellisen lyhyellä korvauksettomalla määräajalla.

Sanamagiaa tosin riittää. On työllistymissuunnitelmaa, työllistymistä edistävää palvelua, ammatinvalinnanohjausta ja vaikka sun mitä. Jos yhä saattaa sattumalta arpoutua ikävän virkailijan eteen, kyseessä on lähes aina hänen henkilökohtainen ongelmansa eikä koko järjestelmän syyllistävä asenne. Niin, jos vain kröhöm työllistyy, ei katsella virastotyöaikaa tai totuttuja menetelmiä. Antaa mennä vaan!

Ruma totuus kuitenkin on, että työt katoavat maailmastamme ennennäkemätöntä tahtia. Siksi useampi ihminen tulee jäämään pysyvästi työmarkkinoiden ulkopuolelle pallotellen jotakuinkin hengissä sekä terveenä työmarkkina-, asumis- ja toimeentulotuen yhdistelmällä. Mutta viimeistään 300:n työmarkkinatukipäivän jälkeen, kun ansiosidonnainen on jo kauan ollut loppu, alkavat ne oikeat vaikeudet.

Pitkäaikaistyötöntä jahtaavat kunnan moppipetteriprikaati, seudun linnunpöntönnaulaus, monitunareiden yksinkertainen palvelu, tylytyspalvelukeskus ja moni muu mikä on liian mitätön tälle riville päästäkseen. Ja ei, omaa toimintaansa tai rahoitustaan ne lähinnä surevat, apua niiltä ei saa kuin sattumalta tai vahingossa. Jos oikeutta saa vain mielivallalla, voiko mielivaltaa silloin suositella?

Työttömänä oleminen ei ole kenenkään perusoikeus, mutta ihmisarvoisen elämän edellyttämä toimeentulo on. Myös huolenpito on perusoikeus, mutta niinkuin ensinmainitustakin on tarkoituksellinen väärinymmärrys, kääntyy huolenpitokin nopeasti lähinnä järjestelmän lähtökohdista tapahtuvaksi tuputtamiseksi. Miksei, koska kerran yhteisymmärrystä työttömän ihmisarvosta ei kertakaikkiaan ole?

Käytännöllisessä mielessä ongelman alku ja juuri on, että valtio maksattaa kunnalla pitkäaikaistyöttömän työmarkkinatuen. Voisihan se kunta työpaikkoja luoda, koska tarvetta olisi, mutta kun ei katsota olevan palkanmaksukykyä. Itseasiassa entisistäkin palkannauttijoista monet mielellään kipattaisiin joko tykkänään ulos tai vähintäänkin toisten vastuulle. Joten avuksi otetaan niin sanotut työllisyyspalvelelut.

Aina kun joku sanoo työllisyyspalvelut, sietää olla todella varovainen ja ymmärtää joutuneensa miljööseen, jossa on toimittava kuin sotilaspoliisimies etsintehtävällä. Jotkut löydökset ovat naurettavia kuten ohje olla sanomatta missä on ja mitä tekee, kun te:n virkailija vahingossa soittaa kesken työelämässä välttämättömän, mutta siltikin luvatta käytävän kurssin, minkä päätteeksi saa jonkun kortin tai passin.

Jotkut taas nostavat hiukset pystyyn, kun edessä on oikein osakeyhtiömuotoisen putiikin henkilöstöassistentti joka kysyy ”oletko työtön?”. Jossain näillä kohdin aletaan päätyä työllisyyspalveluiden hämärämaassa vyöhykkeelle, jossa ei enää ole tarjolla muunlaisia kuin palkattomia töitä. Hölmö kalastetaan sisään työkokeilulla tai palkkatukijaksolla, mutta niiden kesto on rajattu eikä uusintaa tule koskaan.

Kunta voi myös ehdottaa aktivointisuunnitelmaa, jolloin juhlakalu kutsutaan etuuden loppumisuhkauksella Te-Palveluihin, missä eteen lyödään aktivointisuunnitelma ja siitä taas ei ole enää pitkää matkaa kuntouttavan työtoiminnan sopimukseen. Molempiin pyritään runnaamaan asiakkaaksikin mainitun allekirjoitus karenssiuhkauksin, olkoonpa perustelut sitten todelliset tai sepitetyt.

Kuntien työllisyyspalvelujen henkilökunnassa on monensorttista jalkineenkuluttajaa. Vastenmielisimmät heistä melskaavat suureen ääneen määrärahojensa pienuutta ja väitettyjen itkevinä apua pyytävien mutta sitä vaille jäävien määrää, joka muka johtaa siihen etteivät kaikki tarvitsevat ja ansaitsevat pääse palveluiden piiriin. Niinpäniin, uskoo kuka haluaa. Ja muutenkin, sen avun kanssa nyt on vähän niin sun näin.

Mitähän mahtaisi edesmennyt ministeri Esa Timonenkin sanoa, jos tulisi sattumalta sisään kierrätyskalustettuun työtupaan, missä täytetään sanaristikkoja tai leikitään levyraatia? Ja sitten on tietysti täysin käyvän tavaran sekä palvelun toimittaminen. Joko vain tyydytään korvaamaan työ- tai virkasuhteista työtä, mutta oikein kunnianhimoiset pyrkivät myös lyömään kilpailijat laudalta huokealla työvoimallaan.

Onhan tästäkin pari hallitusta sitten suorastaan julkisesti keskusteltu, mutta vähäisin tuloksin. Vastuuministeri veti viestilinjaa jossitellen ongelmat pois ja television ajankohtaisohjelma ei mennyt verstaaseen selvittämään, että tehdäänkö siellä todellakin ihan täyttä työtä nollalla palkalla. Näitä orjapajoja Suomessa muuten riittää, toiminta on niin avointa, että ne kehuskelevat sillä jo nettisivuillaankin.

Minusta tälläinen on mahdollista, koska ihmisten mielissä pitkäaikaistyötön on niin lähellä irtolaista tai vankia, että heillä ei katsota olevan vapautta ja itsemääräämisoikeutta tallella. Tavataan soittaa suutansa sanoen, että jotakin sitä nyt pitää ylläpitonsa eteen tehdä tai kysyä onko neljä tuntia päivässä kerran viikossa liikaa. Ei pidä tehdä, ja kerran tehty minuuttikin on liikaa pelleilyä tai hyväksikäyttöä.

Niin. Tämä kaikki silloin, kun keskimääräinen pitkäaikaistyötön ei edes tiedä kuka vastuuvirkailijansa Te-Palveluissa on, kun sieltä soittaa joka kerta eri henkilö. Jos soittaa useammin kuin kerran tai kahdesti vuodessa, eikä osuta keskelle Citymarketin kassajonoa pahimpaan mahdolliseen ruuhka-aikaan. No, harva sitä nyt puheluita olisi kaivannutkaan, töitä kyllä, vaan niitä kyseinen putiikki ei enää suuremmin välitä.

Laillisuusvalvonta ei säännönmukaisesti näe kuntouttavassa työtoiminnassa mitään moitittavaa. Sekä antoihan Sosiaali- ja terveysministeriökin asiasta paimenkirjeen tovi sitten, mutta ei palkattoman orjatyön teettäminen sosiaalipalvelun nimissä siihen loppunut. Saisiko vastuulliset tuomiolle? Tuskinpa, sillä tämäkin vääryys tapahtuu erityisen lain puitteissa, kuten ne kaikki oikeasti suuret puhallukset muutenkin.

Kaikki eivät mahdu kuntouttavaan työtoimintaankaan. Tätä kirjoitettaessa voin vain aavistella mitä hirvittäviä seurauksia vast'ikään jatkokaudelle tasavallan presidenttinä valitun Sauli Niinistön vahvistama laki työttömyysturvan aktiivimallista aiheuttaa. Osa-aikatöitä ei kaikillle riitä, jos niitä saa niin taloudellisesti suoritus on parhaimmillaan +-0, ja pahimmillaan se tietää pikahissiä syrjäytyneisyyteen.

Ryyppäävät pitkäaikaistyöttömät pitäisi ohjata päihdekuntoutukseen ja ihmisarat sosiaalisesti taitamattomat vuorovaikutukselliseen ryhmätoimintaan, jos auttamisesta olisi oikeasti kyse. Mutta sitä tässä yritetään kaikkein viimeksi, jos nyt aikaa jää tai korkeintaan se tapahtuu epäsuorasti vahingossa. Kunta halutaan pois maksajan paikalta kaikin keinoin, ei juuri muuta.

Tämäkin luultavasti vääristellään tarkoituksellisesti, ollaan ymmärtävinään muka myönnetyn pitkäaikaistyöttömien olevan joko merkittävissä määrin ryyppääviä tai ihmisarkoja. Ellei kaikkien. Aivan kuten vanhanaikaisessa sosiaalisisaren ja huoltopoliisin kontrollissa, jossa piti kääntää elämänsä nurinniskoin saadakseen edes luvallisesti hengittää sekä olla läsnä yhteiskunnassa.

Voin vain toivoa, että kansalaisaloite aktiivimallin kumoamiseksi joko täyttää tehtävänsä suoraan tai ainakin pakottaa perusteelliseen julkiseen keskusteluun, minkä tuloksena syntyy kaikkien hyväksyttävissä oleva kompromissi. Joskin, mitkä senkään edellytykset oikeasti ovat, kun vastapuolet eivät yksinkertaisesti puhu samaa kieltä? Kokemusmaailmat eroavat toisistaan liiaksi ja vahvempi kuvittelee voivansa määrätä.

Kun työtä vain ole ja olemassaolevakin haluttaisiin vähän kerrassaan poistaa. Kun työllistävä vaikutus eli työlliseltä näyttäminen riittää eikä yhteisymmärrystä työtä ilman palkkaa -kuvion tuomittavuudesta kertakaikkiaan ole olemassakaan. Siitäkö pitäisi kiittää, että jos väistää hyväksikäytön ja pelleilyn, mutta tuleekin unohdetuksi? Vaikka siis niille sijoilleen kuolisi sekä mätänemään alkaisi.

Hyväksikäyttö

Missä täsmällisesti ottaen menee hyväksikäytön raja työvoimapolitiikassa, kun se on jo puoliksi täynnä teeskentelyä, ilmaistyötä, mielivaltaa ja tiesmitä? Jos teet tunninkin töitä viikossa, olet sen hetken heti työllinen etkä enää työtön. Tai asiakkuutesi on siirtynyt Te-Palveluista kotikuntasi työllisyyspalveluille, mutta et kylläkään saa sieltä mitään palveluita. Eivät edes tiedä, että elätkö. Ja näiden piti vielä olla auttajia!

Niin, yhä useammat työttömät työnhakijat saavat myös kuulla Te-Palveluiden virkailijan ties miltä konsultilta kopioiman viisauden, ettei työttömyysetuutta olekaan vaan työmarkkinatuki on palkkaa työnetsimistyöstä. Jepjep. Hakee hakee, mutta tuskin tulee löytämään, koska ihmistyö on jo merkittävästi vähentynyt ja koko ajan keksitään keinoja kuinka jäljellejäänytkin saataisiin pois.

Rikos-, oikeus- ja työelämäjuttuja tehneelle kokeneelle toimittajalle tälläisessä kummallisessa hämärämaassa ei ole mitään uutta. Selvä on, että sellaisiksi olot tapaavat muodostua, kun yksi haluaa töitä, toinen työttömien määrää pienemmäksi sekä kolmas vetää välistä. Miksi ihmeessä hyväksikäyttöä ei ilmenisi, kun kerran kukaan ei oikeasti valvo ja kaikki haluavat aivan liian kovasti omaa tavoitettaan?

Työvoimapolitiikan nykyinen normaali on jotain aivan käsittämätöntä. Se on vähän kuin presidentinvaalissa kolmanneksi tulleen persukansan ehdokkaan jatkuva julistus tulosiltana, että puolueensa on tullut valtavirtaan ja on uusi normaali. Nyt on tullut vuoro käsitellä hyvän tarkoituksen takaa näkösuojaa hakevat luikurit, huijarit, haaveilijat ja muut vastaavat. Heitä nimittäin työvoimapolitiikassa riittää.

Millä nimellä pitäisi esimerkiksi sanoa sellaista kunnallista toimen- tai viranhaltijaa, joka tekee täysin mekaanisesti Te-Palveluille aloitteen aktivointisuunnitelmasta pelkkien työttömyyspäivien määrän perusteella? Kun oikeasti ei muuta haluta kuin päästää kunta maksamasta työmarkkinatuen kuntaosuutta, jota vielä hölmömmät sanovat kelasakoksi, sekä saada rahaa niinsanottujen palveluiden järjestämisestä.

Turha selitellä yhtään mitään. Jos kunta on pieni, työttömien määrä on ääretön ja työllisyyspalvelut nimelliset. Ei niitä asiakkaita tunneta eikä oikeasti toimita heidän parhaakseen. Palvelut myös jätetään hyvin todennäköisesti etukäteen kirjaamatta suunnitelmiin ja sopimuksiin, joten jälkikäteen niiden antamatta jäämistä ei tarvitse ihmetellä tapahtuneena tosiasiana. Kuka ilkeää puhua asiakkuudesta?

Suuremman kaupungin vastaavassa voi olla enemmän tilaisuuksia, power point -sulkeisia ja palkattua henkilökuntaa, mutta tulokset ovat harvoin sen kauniimmat. Ei, jos ei ota huomioon todennäköisemmin joko suoraan tai kuntakonsernin lähiyhteisöissä avautuvia työpaikkoja. Ainoa ero ison ja pienen välillä on "kelasakkojen" välttelyn räikeys. Suurten työllisyyspalveluihin ajoin jopa uskoo.

On hyvin laajasti totta, että keljuttavan työpelleilyn, mitä minun on hyvin vaikea kutsua virallisella nimellään, varjolla teetetään aivan oikeaa työtä tilausvideoista myytäviin halkoihin ja teolliseen kierrätyksen tuotteisiin asti. Aina kun joku sanoo sanan työllistäminen, sietää olla varovainen ettei tule muilutetuksi ja seuraavaksi aikaan sekä paikkaan orientoituessaan huomaa olevansa pakkotyössä.

P-sana saa oikeutuksensa siitä, että noissa verstaissa ollaan sosiaalioikeudellisella hallintopakolla. Ellet ole tai sinun väitetään rikkovan ”järjestyssääntöjä”, työttömyysetuus lähtee ja toimeentulotukeakin voidaan alentaa. Käypä taksa vaihtelee, mutta työttömyysetuudessa puhutaan useiden viikkojen ilmanolosta ja toimeentulotuessa se on ensin -20%:ttia ja ja toistuessaan -40%:ttia.

Kyllä, nehän tienaa tällä! Kunnalle jokainen ”aktivoitu” tietää selvää rahaa ja nollalla palkalla täydestä hinnasta myyty tuote kerryttää palvelun järjestäjän kassaa. Onko se oikeasti enää mikään ihmekään? Onhan näet valtavirran julkisuudessakin kuultu jo useasti, että aiemmin työnantajana tunnettu bisneksentekijä saattaa olla sitä mieltä, jottei hänen tehtäviinsä kuulu maksaa palkkaa. Moisesta pitäisi älytä suuttua.

Mutta tuskinpa vaan suututaan, sillä kun sanotaan työllistäminen, kaikki on mahdollista. Hallinnossa se tarkoittaa niin oikean työpaikan saamista kuin pelleilyjäkin, joiden järjestäjät haluavat saada uhrit valehtelemaan olevansa töissä. Kyllä, koska ei ole mitään määrää sille mitä toimittajat, keskiluokka ja työn sankarit eivät tässä asiayhteydessä saisi itse itseään uskomaan todeksi.

Seuraavaksi kuvaan mönkii apurahavirtuoosi. Hän on yleensä tunari, harrastelija tai haihattelija, joka ajan hengen villitsemänä leikkii yrittäjää. Jos viitsii tutkia, huomaa hänen vaihtavan toiminimeä kerran vuodessa ja samalla tapaa vaihtua myös toimialakin. Tämä pers'aukinen suhari ei yleensä pysty edes maksamaan toimitilan vuokraa itse eikä järjestämään ”työntekijöilleen” alkeellisiakaan työvälineitä.

Tilanne voi paikoin käydä pirulliseksi suorittavassa päässä. Työasioita pitäisi muka hoitaa vaan kännykkäliittymä on kiinni laskurästin takia, ”johtajan” pöytä on täysi jokasortin karhukirjeitä ja tällä toiminimellä pitäisi silti herättää luottamusta ihmisissä. Varoittaa pitää, älä vaan anna nimeäsi mihinkään tai tuo omia työkalujasi moiseen putiikkiin. Ei, jos olet siellä vain työttömyysetuutesi saamisen edestä.

Vuosien mittaan työhallinnollisen ilmaistyövoiman nimike on ollut työharjoittelija, työelämävalmennettava ja vaikka sun mikä. Minua ei suuremmin kiinnosta, että sanotaanko sitä nyttemmin työnäytteeksi vai miksi, kun kerran lopputulema on aika sama. Yritys on entinen alle vuodessa ellei keksitä jostain julkisen vallan tukiaisia mistä päästä osalliseksi, ja sitä kautta saada leikille jatkoaikaa.

En vilpittömästi osaa sanoa, että kumpi on nykyään pahempi hyväksikäyttäjä, julkinen vai yksityinen sektori. Perinteisesti niiden ero oli siinä, että julkisella vähän kerrassaan kokeiltiin kuinka paljossa harjoittelijaa voi vedättää tekemään täyttä työtä vaikka siihen piti oikeasti olla vasta tutustumassa. Yrityksissä tehtäväksi on yleensä annettu kaikki ikävä ja muutoin jätetty täysin oman onnensa nojaan.

Näin ajattelin kunnes ihan paikallislehden mukaan Lohjan kaupungissa alettiin pitää puheita jostain kiinteistönhuollon bulkkityöstä, jota piti alkaa teettää niin sanotuilla työllistetyillä eli ilmaisella pakkotyövoimalla. Sen täytyy olla täysin uusi avaus omassa luokassaan, koska sikäli kun tiedän, missään ei ole aiemmin näin näkyvästi ja härskisti siirretty palkatun henkilökunnan työtä palkattomien tehtäväksi.

Juu, siirretty on kyllä, mutta jokainen asianlaidan tiennyt on tarkkaan pitänyt sen itsellään ja puvustus sekä lavastus on niinikään ollut kohdallaan. Hitaammallakin järjellä varustetun työttömistä vouhottavan työn raskaan raatajan pitäisi nyt käsittää, että mihin tämä kaikki on menossa, mutta eipä siltä tunnu. Aina ne luulevat, että juuri heidän työpaikkansa on ainutlaatuinen ja säästyy vaikka muut tuhoutuisivat.

Olinpa itsekin kerran paikalla pakolaisten vastaanottokeskuksen kuntalaisinfossa, jossa luonnollisesti kuultiin myös pari epäselvää höninää omien köyhien ja työttömien auttamisen ensisijaisuudesta. Se on naurettavaa puhetta, koska ei ole eriarvoisia ihmisiä, on vain eriävän kiirellisyysluokan hätätilanteita. Asunnotta ja kesävaatteissa Suomen talveen joutuvalla on kiireempi kuin pelkästään työttömällä.

Mutta mitäpä sain taas kuulla. Vapaaehtoisauttaja vouhotti, että hänen päivätyöhönsä ei oltu saatu kouluttamatonta avustajaa. Entä sitten? Yksi työpaikka ei työvoimapolitiikasta puhuttaessa oikeuta vielä edes istumapaikkaan aikuisten pöydässä. Ja siksi toisekseen, ei olla Neuvostoliitossa, jossa sitä työvoimaa tuosta vain tilattiin haluttu kappalemäärä ja työnvälityksestäpä sitten lähettivät.

Kuinka vaikeaa on käsittää, että ei alasta kiinnostuneita ja soveltuvia kasva joka oksalla? Eikä aina edes omalla kylällä tiedetä sen työpaikoista. Mutta ruvettiin syyllistämään työttömiä ihmisiä, joilla ei ole turvapaikanhakijoiden kanssa mitään tekemistä. Lisäksi puhuja meni siihen tavalliseen ansaan, eli antoi rasistijunteille mitä halusivat: vahvistuksen kuviteltujen suvakkien luulotellulle suomalaisvihalle.

Tämän olisin vielä muutoin sivuuttanutkin, mutta kun kuntapoliitikonkin piti käydä ihmettelemään, että miksi apurahavirtuoosi ei ollut löytänyt kurssintäyttä hyväksikäytettäviä hölmöjä elintarvikealalle. Melkein vuosi sen varjolla ilmaistyössä ja ensi kesäksi olisi voinut olla jo ihan töitäkin luvassa. Voi hitsi mikä loistokeikka! Mutta ei jonontäyttä hakijoita, jotka olisivat valmiit niistä tappelemaan. Höh.

Itse asiassa lähetettyjen työntekijöiden, siirtolaisten sekä uussuomalaisten työmarkkinoilla jatkuvasti toistuvat työsyrjintä- ja laittomat maahantulojutut kertovat vain, että nekään eivät ole kantaväestöä kauniimmat. Usein ollaan täydellisessä läpinäkymättömyydessä kunnes jostain vyyhti lähtee purkautumaan, eikä löydös ole kaunis. Rahanahnehtimisen pakkoa on usein saatellut suora väkivallanuhka.

Mutta jos ei moisia vouhottajia ja elinkeinoelämään suhteita kehittäneitä olisi, ei olisi hyväksikäyttöäkään. Ei, koska valitettavaa kyllä moinen suhtautumistapa on omiaan häpäisemään ihmisparkoja tottelemaan ja simputtamaan jo valmiiksi oman tahtonsa menettäneitä sisään työvoimapoliittisiin virityksiin. Virittelijänä olevat suharit taas nousevat samassa yhteydessä lähes sankareiksi, ties millä ansioilla.

Huijaukseen voi siis törmätä kaikkialla eilen pakastavedetyn pöytälaatikkoyhtiön ja ison kaupungin työllisyyspalveluiden välillä. Keskeistä on, että tarvitseeko tai ostaako kukaan oikeasti työssä syntyvän tuloksen, vai onko sen tekijä pelkkä keksimällä keksitty rivintäyte, joka joutaa olla ajoin pitkäänkin tyhjänä, jos niin on käydäkseen. Johtaako se oikeasti yhtään mihinkään, vai riittääkö työllistävä vaikutus?

Ehkä käy vielä hullummin? Kun se oli ennenkin niin, että kukaan ei tullut työmiehiä kunnalliskodin "hullun pellolta" hakemaan, niin kiduttavalla työtoiminnallakin saa lähinnä kelvottomuuden leiman otsaansa. Ainoa poikkeus olisi maan paras työvalmentaja, joka nähtyään mihin suojattinsa pystyy, voi itse takuumieheksi käymällä varmistaa oikeisiin töihin palaamisen. Mutta niitä ei ole monta.

Ei, sillä toteutuakseen edellytettäisiin sen luokan työelämäkontakteja, monen alan osaamista ja mahtavaa ihmistuntemusta, että pokerini on pettää jo tämän kirjoittaessanikin. Useimmat työvalmentajat eivät nimittäin ole kuin kahden tempun taitajia: huutavat hoputtaakseen ja tekevät silmänkääntötempun missä ”me vaadimme tai meille pitää järjestää” muuttuu saman homman jatkamiseksi niine hyvinensä.

Nolo totuus on, että työvalmentajat ovat usein itsekin pelkkiä alikoulutettuja entisiä pitkäaikaistyöttömiä, joiden sopivuus tehtävään on arvoitus. Lelusossuja ollaan ja oikeiden virkasossujen menetelmiä apinoidaan. Kirjoitetaan konttorikirjaan tai isoon päivyriin istuttaessa neuvotteluhuoneen pöydän takana, sekä kysellään luonnehtivan tyyppisiä avoimia kysymyksiä mihin ei voisi vastata joko kyllä tai ei.

Mutta missä yksi, siellä helposti toinenkin, kun kerran ollaan sillä elämän epämääräisemmällä puolella. Työttömyys on voimakasta ihmisarvopakoa aiheuttava asia. Se ilmenee yleisessä pyrkimyksessä puhua työttömien ihmisten pään yli kaikesta aiheeseen liittyvästä, ja erityisesti siinä kuinka työttömien puhevalta pitää aina uskoa jollekulle luotettavaksi käsitettävälle ammattiselittäjälle. Sekin on hyväksikäyttöä.

Tähän liittyen, Sipoon paikallislehtikin onnistui viime vuonna tekemään poikkeuksellisen törkeää jälkeä. Oli keissi, jossa pitkäaikaistyötöntä oli roikotettu vuosikausia kaikenlaisissa kunnan "työllistämistoimenpiteissä", mutta mitään enempää ei koskaan ollut syntynyt. Minusta hyväksikäyttö oli ollut ilmeistä. Miksi sanoa törkeyttä sen kummemmaksi?

Ja oitispa riensivät niin henkilöstöpäällikkö kuin työllisyyspalveluidenkin pomo selitellen kääntämään näkökulmaa toiseksi, kuin mustaa valkoiseksi konsanaan. Mutta ei voi vedota leikkiin, jos ei ole ollut kaikkien puolesta selvä, että leikkiä se vain olikin. Kun kerran sen kestäessä työtä leikitään sellaisella innolla, että toden ja lumeen ero jää arvailun varaan. Kaikki hyväksikäyttö ei siis sisällä voitontavoittelua.

Olen sanonut ennenkin, että nyt lapiolinjan paikalla on lumelinja, jossa yhdet ovat olevinaan töissä ja toinen maksavinaan heille "palkkaa", eli työttömyysetuutta sekä joskus peräti bussimatkaan tai lounaaseen riittävää ylläpitokorvausta. Viimemainittukaan ei enää ole selviö, koijattava katsokoon siis tarkkaan mihin tai mitä on ainakin itse pyytämässä.

Suomessa meillä ei yksinkertaisesti ole yhteisymmärrystä työttömän ihmisarvosta. Ei, koska niin työhulluja on menneessä oltu ja niin vähän on maailman sekä etenkin työmarkkinoiden muuttumisesta pystytty oppimaan. On tullut aika kysyä, että onko julmin hyväksikäyttö sittenkin työnteon leikkiminen niin, että leikkijä itsekään ei enää käsitä vain leikkivänsä korviketoimintona, kun parempaakaan ei ole?

Moinen leikki on saanut syntynsä sosiaaliturvajärjestelmämme perusteista, siitä kuinka se on vain osin rahastoiva, joten kukaan ei luulostaan huolimatta ”maksa itse itselleen eläkettä”. Kyllä asianlaita on sittenkin niin, että itse on töissä ollessa maksettu osin edeltävien eläkkeitä ja tulevaisuudessa nuoret ikäluokat vuorostaan maksavat osin silloisille eläkeläisille. Siis nille, jotka sinne asti elossa pääsevät.

Siitä ajatus, että työttömyys on lyhyt ajallinen epäkohta ja jos se nyt kestäisikin, on oikeus ansiosidonnaiseen työttömyyspäivärahaan uusittava määräaikaisella työllä. Mutta niinkuin historia on osoittanut, työ on yleisesti ottaen menossa pois muodista johtavana vapaa-ajanviettotapana. Siitä taas syntyi illuusio välityömarkkinoista ja aktivoinnista, jossa on viimeaikoina leikitty työntekoa vähän liian kovasti.

Kukaan ei ole tähän mennessä laittanut kirjalliseen muotoon kysymystä, että mitä jatkuva ja sisällöltään liioiteltu työn leikkiminen tekee ihmiselle? Tavanomainen viisaus antaisi ymmärtää, että vaikutukset eivät voi koskaan olla muita kuin positiivisia. Tapaa ihmisiä, on vuorovaikutuksessa heidän kanssaan, saa työkokemusta ja lässynlässynlässyn. Näin tämä ei voi olla ja on aika sanoa se ääneen.

Ei enää silloin, jos aktivointia, päivärytmiä, tekemistä ja ihmissuhteita annostellaan yli tarpeen. Yli tarpeen sitä annostellaan silloinkin, jos niiden kohteeksi joutuu aiheettomasti ja ilman omaa suostumustaan. Sanamagia ei auta ja hoitoideologiaan on turha vedota, koska keskiluokkainen idylli uuden alan opiskelemisesta, mikäli vanha ei enää anna työtä on ollut rikki jo kauan.

Aktivointi kelpaa ainoastaan, jos vielä keski-ikäisenäkin menisi samaan hyväsydämisen lukion matematiikanopettajansa vetoomukseen, että ”eikö mitään töitä löytyisi” ja siksi hiljentyisi lakaten protestoimasta. Vetoomukseen, joka lähtökohtaiseen koulutusmyönteisyyteen perustuvana toiveajatteluna oli kyllä oikeastaan arvoton jo silloin 1990-luvulla kun se ensi kerran kuultiin.

Mitä siis pakoillaan, kun teeskennellään välityömarkkinoiden olemassaoloa ja aktivoinnin merkittävyyttä? Myönnettäköön, että hyvinvointivaltion perustana olevaan yhteiskuntasopimukseen kajoaminen ei ole hauska tai helppo homma. Mutta ei sitä toisaalta loputtomiinkaan voi väistellä, koska korkeana pysyttelevä pitkäaikaistyöttömien määrä ei vain ota helpottaakseen. Se nimittäin kertoo jotain.

Jos siis joku on jokatapauksessa irtisanonut tuon yhteiskuntasopimuksen, hyödyttääkö ilmeisen totuuden pimittäminen todellakin jotakuta ja kuinka ihmeessä?

Kolmas kirja: Työttömyysteollinen kompleksi

Työttömyysteollinen kompleksi

Otin silkkaa ilkikurisuuttani asiakseni rinnastaa Yhdysvaltain presidentti Dwight D. Eisenhowerin jäähyväispuheen ja suomalaisen työvoimapolitiikan tämän kirjan nimessä. Jos aktiivinen työvoimapolitiikka on välttämätöntä, kuinka paljon valtaa siitä elantonsa saaville tulee enintään antaa? Minä sanon, että leikki on ollut loppu jo kauan, joten nyt se pyllykin pois tyynyltä.

Salaliittoteoriat tarjoavat yleisesti kiehtovan näköalan ihmismieleen. On ressukat, jotka selittävät epäonnistumisensa elämässä niiden kautta. On roistot ja luikurit ketkä tienaavat hyvin salaliittoteorioiden kaupustelulla, mutta eivät vahingossakaan usko niihin itse. Ja sitten on yläpuolelle nousijat, jotka tarkoituksellisesti leimaavat pilkallisesti salaliittoteoreetikoksi jokaisen kenet vain tahtovat hiljentää.

Mihinkö näistä luokittelen itseni? Viittaan niille kaikille talvivuorisilla työrukkasillani ja jätän jokaisen arvattavaksi mikä sormi oli pystyssä.

Turha ruveta pitämään minkäänsortin teatteria, jos arvot ovat sitä luokkaa että vahvat saavat sortaa heikkoja joko vahvuuden tai väitetyn sosiaalisen järjestyksen nimissä. Eivät nimittäin saa, se on törkeää vääryyttä ja parasta olisi kun moinen lakkaa hyvän sään aikana.

Kaikkien ihmisten yhtäläisestä arvosta ei nimittäin edes keskustella, koska kaikkialla teoreettisen filosofian ulkopuolella aletaan tällöin kävellä hiekkatietä minkä päässä näkyy aita, ja sen takana savupiippu työntää ilmaan kuvottavan hajuista savua. Tämä oli kerrankin saatuna niin kouriintuntuva opetus, että 70 vuotta sitten laadittiin YK:n yleismaailmallinen ihmisoikeuksien julistus, jottei uusintaa koskaan tulekaan.

Se takaa, että kukaan ei voi enää vedota tietämättömyyteensä ja ettei enää koskaan ole kyllin hyvää tekosyytä poiketa kaikkien yhtäläisestä ihmisarvosta. Niin. Haittapuolensakin sillä kyllä oli. Julistus näet lähti oletuksesta, että riittää kun kaikki hallitukset sitoutuvat kaikkien yhtäläisen ihmisarvon käsitteeseen, jolloin yksi psykopaatti jees-henkilöineen ei enää voisi kaapata valtaa tehdäkseen pahaa.

Tämä maailmankuva kysyy pystyssäpysyäkseen Eisenhowerinkin puheessaan kuuluttamaa luonnetta ja moraalia, mutta eikö niitä silloin kysytä niin paljon että elämää ymmärtävää alkaa väkisinkin naurattaa? Koska tottakai joka ajassa on muotiajattelunsa ja tekniset kotkotuksensa, sekä pahimpana kaikesta kuvitelma hyvän tekemisestä isänmaan asialla oltaessa. Usein vahvin luulee myös olevansa oikeassa.

Juha Sipilän(kesk) toivottavasti ainoaksi jäävä hallitus on jatkuvasti viestittänyt, ettei piittaa köyhistä ja on leikannut tuntuvasti sosiaaliturvaa. Tätä kirjoitettaessa se aikoo kuulemma tarkastella jo voimassaolevaa työttömyysturvan aktiivimalliaan ”parin kuukauden päästä”. Toivottavasti se ehtii ajoissa ja tekee oikeat liikkeet, koska jo huhtikuussa järjestelmän vaikutukset leikkaavat työttömyysetuuksia.

Tämä on siis leikkaaja- ja romuttajahallitus, mutta huomioiden jokatapauksessa seurausten karvauden, mitä sillä on väliä ettei palkatonta pakkotyötä sanota suoraan siksi mitä onkin? Kun homman nimi on kuitenkin jo 1990-luvun uusliberalistisesta yhteiskunnan käänteestä lähtien ollut yhtä ja samaa: yksityistämiskuppaus, työmarkkinoiden uusjako sekä vastikkeellinen sosiaaliturva.

Ei sillä ole työtätekevän köyhän näkökulmasta mitään merkitystä, että joutuuko nousemaan ennen auringonnousua ehtiäkseen massakuljetuksella kahteen tai kolmeen työpaikkaansa, joista ansaitsee säälittävän minimipalkan vai raataako työpajassa työttömyysetuudella+ylläpitokorvauksella. Jos siis menestyjä silti haukkuu sormella osoittaen joko yhdeksän euron naiseksi/mieheksi tai minimipalkaksi.

Joku tekee dokumenttiteatteriksi kutsuttuja näytelmiä, joissa irvii valtiovarainministeriön virkamiehiä. Toinen laatii nimilistoja poliitikoista, jotka osallistuvat kansainvälisiin salaseuran maineessa oleviin kummallisiin kokouksiin. Samapa tuo pohjimmiltaan on, eletään kuitenkin kapitalistista talousjärjestelmää, jossa todellakin on omat vikansa ja se tekee parhaansa saadakseen säilyttää ne.

Kaikissa esiinotetuissa ja osin maininnattakin jääneissä työttömyys on keskeisessä osassa, joten minäkin voin kernaasti ottaa oikeuden kutsua sitä vaikkapa nyt työttömyysteolliseksi kompleksiksi. Pilkkani kärki on ensisijassa kohdistettu kaikkiin itsensä työttömyyden asiantuntijoina ja työttömien kaitsijoina...työllistäviin, mutta ilman tätä järjestelmää valtarakenteineen yksikään heistä ei olisi paikallaan.

Pitkäkestoisessa ja laajassa työttömyydessä ei siis oikeastaan ole mitään vikaa kenenkään sellaisen mielestä, jolla on maailmassamme vähänkin todellista valtaa. Ei kapitalistinen tuotantojärjestelmä tuota enimmälle osalle ihmisistä juuri muuta kuin työttömyyttä. Jos siis yhteys on jokatapauksessa selvä, on ihan sama että onko lähtökohdan ja lopputuloksen välillä varsinaista teollista putkea.

Työttömyysteollisen kompleksin käsite voidaan siis minun mielestäni vallan mainiosti ymmärtää niin konkreettisesti kuin kielikuvanakin. Konkreettisesti puhuttaessa tarkoitan KELA:n, Te-Palveluiden, leipäjonojen ja työpajojen Suomea, jossa ”se toinen puoli” saa aika karua kohtelua osakseen. Kielikuvana tarkoitan pääoman ja työvoiman vaikeahkoa suhdetta, joka ei nytkään ole helpottumaan päin.

Voisi siis ajatella niinkin, että tuotannon tehokkuus, taloudelliset paineet ja työnjaon erikoistuminen ovat kompastuneet toinen toistensa jalkoihin, mutta tahattoman ruumiillisen komiikan sijasta seuraukset ovatkin hyvin vakavat. Alunperinhän byrokratiakin oli sosiologin laatima kuvaus ihanteellisesta organisaatiosta, mutta jälkimaailma ei vain nähnyt asiaa samoin. Eikä muuten näe vieläkään.

Työttömyysteollisen kompleksin kohtalonkysymys onkin, että kuinka paljon valtaa tulee antaa siinä osallisena oleville, joita kukaan ei ole valinnut ja jotka ovat hyvin heikosti vastuussa tekemisistään yhtään kenelle. Toki.

Markkinat ja työttömyyden hoitaminen sijansa saakoon, mutta niiden ei yksinkertaisesti voi enää jatkossa antaa käyttää nykyisenlaista valtaa.

Meno on ollut hurjaa jo pitkään. On ollut karenssielinkautisia, jossa oikeus työttömyysetuuteen palautuu vasta määräjakson palkkatyötä tekemällä. Työvoimapoliittisesti moitittavaksi menettelyksi on myös voitu katsoa tämä, tuo tai se eikä siinä enää suuremmin ole tutkintaa eikä oikeudenkäyntejä pidetty. Seuraus on ollut saletti, kun ei ole kerran onnistunut itseään syyttömäksi paperilla osoittamaan.

Jo vanhastaan hallintomenettely on räikeästi pilkannut oikeusvaltiota, mutta mitä seuraavaksi? Moni keskiluokkainen tyyppi näyttää ihan oikeasti kuvittelevan, että jos valtio määrä aktivointitoimiin niin kyllä paikka osoitetaan ja jos ei pystytä niin siitä ei rangaista. Höpöhöpö. Olen yhä haluttomampi inttämään tästä asiasta idioottien kanssa, jotka eivät tahdo ymmärtää työhallinnon rinnakkaismaailman todellisuutta.

Mutta silti asia on otettava puheeksi, koska asiassa kuin asiassa yhteiskunnassamme vallan näkökulma tapaa voittaa. Ei valta välttämättä ole oikeassa, mutta koska sillä on valtaa, se vain vääntää asiat vastaamaan omaa käsitystään. Missä siis oikeastaan menee raja, jonka ylittävia asioita ei enää voida muuksi mulkata? Se on olennainen kysymys, koska yhä useampi ei enää istu vallan piirissä eikä tule lähellekään sitä.

Sekä mikäli ministeri Sampo Terhon(sin) alkuvuotinen avautuminen blogissaan mitään kertoo, on valtapiirissäkin istuvalla on vaikeuksia motivoitua tehtäväänsä. Mitä tarkoittaa tavoitteen ja vaalilupauksen välisen eron terottaminen? Sitäkö, että läpinäkyvyys ja vastuullisuus yhteiskunnassamme eivät ole merkittävästi lisääntyneet kolmen suuren puolueen konsensusvallankäytön lopun myötä?

Valtanäkökulman tosin ymmärtää kyllä. Asioiden hoito on helppoa, kun yhden kanssa sopiminen ratkaisee asian lopullisesti. Hän käy selittämässä alamaisilleen, että mikä on tulos ja mitä se merkitsee. Niinikään alamaisilla ei ole sitoutumisen, oman ajattelun tai toimintatarmon osoittamisen vaivaa, riittää että he vain ovat. Kuuluvat jäseninä, ovat hiljaa, eivät valita eivätkä ainakaan esitä päättäjälle vaatimuksia.

Jokainen voi omassa mielessä lastata tälläiselle instanssille minkälaiset odotukset tahansa, jos ne toteutuvat niin hyvä, elleivät, syy on aina itsen ulkopuolella. Mielellään poliittisen vastustajan. Tämä on myös mitä suuremmassa määrin totta työvoimapolitiikan suhteen, ja käytänkin työttömyysteollisen kompleksin käsitettä myös osin kuvaamaan tätä todellisuuspakoisen luoksepääsemättömyyden ongelmaa.

Siksi rohkenen epäillä, että mikäli meillä on oikeasti koskaan ollutkaan yhteiskuntasopimus esimerkiksi korkeasta työllisyysasteesta, se voisi näissä olosuhteissa olla jo kauan sitten joko irtisanottu tai luokiteltu uudelleen pikemminkin hurskaaksi toiveeksi. Enin osa kansasta ei silti tietäisi asiasta mitään. Haluaisivatko he edes tietää ja mitä tekisivät totuuden kuullessaan?

Ihminen on selviytyjä. Se haluaa kuulla mitä tapahtuu, jotta voi sopeutua siihen. Ilman tätä piirrettä ei olisi nykyistä työvoimapolitiikkaa, joka perustuu siihen että työssä yhä olevat keskiluokkaiset ja heidän arvomaailmaansa itsensä samaistavat hölmöt saavat kokea ainutkertaisuuttaan sekä menestyjyyttään, mutta samalla työttömiä ihmisiä kohdellaan järjestelmässä aika kovakouraisesti.

Siksi hyvinvointivaltiodenialismi ja koko käsitteen yksityisomistus kukkivat, sekä näin on varmaan vastakin niin kauan mitään etuuksia ylipäätään maksetaan. Terveys, varhaiskasvatus, koulutus ja kaikki saatu muuttuvat siis saajansa henkilökohtaisen ylivertaisuuden osoituksiksi, vaikka ne ovat silkkaa paikallaoloon perustuvaa sattumaa. Ja sen varjolla ylenkatsotaan ”minun rahoillani” eläviä työttömiä.

Tämä ei yksinkertaisesti toimisi ilman ihmistenkäsittelyjärjestelmää, joka varsinaisen likaisen työn lisäksi eristää yksilöt toisistaan ja luo toteutuneelle todellisuudelle jonkin ulkoisen hyväksyttävyyden, joskin oudon sellaisen. Näin siksi, että ihminen rakastaa loogiseen lopputulokseen johtavia tarinoita, myös silloin mikäli vähänkään tarkempaan katsottaesssa osoittautuisi ettei jutussa olisi päätä eikä häntää.

Tai jos ennakkoluuloisuuksissaan tuli luultavasti samaistuttua roistoon, uskottua mitä hyvänsä roskaa ja ylipäätään ei kyetä erottamaan faktaa sekä fiktiota toisistaan kuin vain heikosti. Siksikin työttömyysteollinen kompleksi on tarpeen, kun sen jälkeen enää mitään ei tarvitse selvittää itse ja tiukimmastakin paikasta pääsee selittämällä, että asianomainen viranomainen on vastuussa ongelman ratkaisusta.

Työttömyysteollinen kompleksi käy järkeen, kun katsoo sosiaaliturvajärjestelmää vähänkään tarkemmin. Ei pääoman etu ollut, että sairaille, työkyvyttömille, vanhoille ja työttömille järjestetään elatus. Se joka ei kykene työhön tai ei voi sitä tehdä, saa mielellään kävellä itse, ja jotkut harvat erikseen kunnostautuneet kannetaan ulos. Koko ajan muistutetaan, että täällä ei pidetä ketään väkisin, mikäli se unohtui.

Tai sitten pidetään. Etenkin vähittäiskaupassa on viime vuosikymmeninä tullut tavaksi lukita säännöllisen työajan ulkopuolella työskentelevät sisään, ulos pääsee vasta kun soittaa asianomaiselle, jonka on itse saavuttava paikalle avainten kanssa. Kuinka rikosturvallisuus voi ohittaa työturvallisuuden? Yksinkertaista, saman patriarkaalisuuden vuoksi, joka muinoin lukitsi tehtaanportinkin.

Jo ennen kuin sosiaaliturvasta oli edes ollut puhetta ja työtä tekemättömille köyhille oli pelkkää sosiaalihuoltoa kunnan jauhojen tai perunoiden muodossa, työtätekevistä köyhistä vastasi työnantaja. Mikäli sairastui, sai sairaskassasta. Jos työkyky aleni, katsottiin sitä vastaavaa työtä ja vasta aivan viimeisessä vaiheessa annettiin elatusta eli maksettiin ainoaa eläkkeen esimuotoa mitä työläinen saattoi saada.

Kuvaukseni on karrikoitu ja historiallisesti sitä voisikin kutsua utooppiseksi yläpilveksi, joka ei missään tapauksessa ulottunut kaikkiin olemassaollessaankaan. Mutta pointtini onkin esimerkin kuvaamani säntävalta. Jokasuhteessa Yhtiöstä Isolla Yyllä riippuvaiset työläiset eivät todellakaan olleet mitään vapaita taitelijoita tai voineet tavoitella parempia elämisen ehtoja kaikin käytettävissä olevin keinnoin.

Niin, siis jos työsuhdeasunto, terveydenhuolto, vapaa-ajanviettomahdollisuudet ja sairauden sekä vanhuuden turva olivat pelissä, siinä ei auttanut hötkyillä. Jos kävi rettelöimään, oli syytä olla tosissaan. Onneksi olivat ja onneksi rettelöivät, sillä muuten olisi maamme muotounut aivan totaalisen toisennäköiseksi kuin se on nyt.

Mutta sitten asiat muuttuivat. Alettiin rakentaa hyvinvointivaltiota, jonka järjestelmä syrjäytti sairaskassat ja eläkesäätiöt, tukipalvelutyöt pääosin lopetettiin tai ulkoistettiin eikä patruunoille enää jäänyt puoliakaan aiemmasta sananvallastaan. Ulkoisen todellisuuden muutokset riistivät heiltä myös paljolti aiemman rajattoman voitontavoittelun mahdollisuuden. Naurettavaa olisi luulla, että se olisi ollut siinä.

Tottakai nämä kaikki muutokset olivat kuin isku vasten kasvoja patruunoille. Enää heillä oli silkka maksajan rooli, mutta valtaa käyttivät toimihenkilöt ja virkamiehet vedoten eduskunnassa säädettyyn lakiin. Ei tarvita kummempaa kaukonäköä käsittääkseen, että kaikki tehdyt myönnytykset olisivat voimassa korkeintaan määräaikaisesti. Yhteiskunta ei muutu yhtä nopeasti kuin se joskus uudistuu.

No, seuraavat johtajasukupolvet vaihtelivatkin sitten työnantajaliittoja, toimialoja ja työehtosopimuksia mielensä mukaan, jos yritystoiminta enää ylipäätään pysyi Suomen rajojen sisäpuolella. Niitä ei kiinnosta, että kuinka asiat hoidetaan. Ihmistyö on koko ajan vähentynyt ja jäljellejäänytkin haluttaisiin mielellään pois pelistä. Miksi ihmeessä apuna ei käytettäisi myöskin työttömyysteollista kompleksia?

Yksityistämiskuppauksissa kapitalistit voivat ottaa haltuunsa kokonaan uusia toimialoja, joilla ensin velottaa mitä huvittaa ja myydä sen pois sopivalla voitolla. Ei julkinen valta osaa tehdä kauppaa. Kaikki on tähän asti aina mennyt nimellis- eli seinien ja kaluston hinnalla, mutta itse toiminnasta ei ole pyydetty senttiäkään. No, se nyt vain onkin liiketoiminnan paras osa, jota usein myös goodwilliksi sanotaan.

Aina rahastus ja palvelukatkokset tulevat kuitenkin yllätyksenä, koska myyjä ei käsitä ostajan olevan täysin epäkiinnostunut muusta paitsi hyvästä hinnasta ostoksensa ottaessaan ja vielä paremmasta antaessaan sen eteenpäin sopivana aikana. Siksi ehkä nyt onkin hyvä hetki esitellä harvinaisempi yksityiskuppauksen muoto, deregulaatio eli sääntelyn purku, jolla silläkin on hyvä tienata kapitalismin lopunaikana.

Työehtosopimukset, työlait, ympäristönormit, tuoteturvallisuus ja kaikki minkä varaan hyvinvointivaltiossa opittiin elämänsä rakentamaan, saattaa tässä vaiheessa maailmanaikaa olla kohta entistä. Se riippuu täysin siitä kuinka paljon tai pitkälle kapitalistit juoksuhenkilöineen pystyvät peluuttamaan kansallisvaltioita toisiaan vastaan. Meillä ei kuulemma ole tähän varaa, mutta itseään ne silti tarkoittavat.

Mitä selkeämmin työttömyysteollisella kompleksilla tarkoitetaan oikean työelämän ympärillä pyörivää mitääntekemätöntä hämäräporukkaa joka ostaa, myy, vaihtaa, varastaa ja etenkin konsultoi eli antaa ”varmoja vinkkejä”, sitä paremmin päästään käsiksi työelämän uusjakoon kapitalistien tavoitteena. Niin, aika ei ole entinen, nyt koulutus ei enää kiinnosta ketään, mutta silti valitetaan pätevän työvoiman pulaa.

Tässä ei ole varsinaista ongelmaa. Ei, jos hyväksytään väite, että pitkän tähtäimen tavoite on koko hyvinvointivaltion romutus ja tehdä tekemättömäksi lähestulkoon kaikki yhteiskunnallinen edistys, joka on tapahtunut viimeisen reilun 70 vuoden aikana. Vielä käytössä olevasta työvoimasta otetaan kaikki irti pirullisella halpuuttamisella, kun hölmöt vielä tappelevat keskenään harvoista työpaikoista.

Taino, vannomatta paras. Mikäli jatkuvasti vaihtelevien kuplien ja laskukausien aiheuttamat suhdannevaihtelut sietämättömine seurauksineen tai ympäristömme tilan huononeminen eivät johda järjestelmän muutokseen, voisi hyvinkin olla, että tulee uusi ”kultakausi”. Se voisi aivan yhtä hyvin tulla teollisuuden suunnasta tai ainakin sen vetämänä, jos määräysvalta ja rahat palaavat patruunoiden käsiin.

Työttömyysteollisen kompleksin kaikkein suurin kysymys on, että tuleeko Suomeen kokonainen nälkäpalkkaan perustuva liikeala vai olemmeko kohta kaikki yhdessä ja samassa työpajassa toimeentulon menetyksen uhalla toisiimme kahlehdittuina? Voisi periaatteessa tulla kumpi tahansa, sillä molemmat riittäisivät täyttämään ultravaiheen kapitalismin kolmannen päätavoitteen, sosiaaliturvan vastikkeellistamisen.

Ensinmainittu olisi amerikkalaistyylisen vapaamarkkinahenkinen ja työehtosopimukseton malli, joka korostaisi avointa yhteiskuntaa sekä tietyssä mielessä myös parlamentarismiakin. Niin, siinähän sitä sitten oltaisiin, lakiin numerolla määritellyn minimipalkan kanssa, kun korotusta ei tipu ilman eduskunnan päätöstä. Lupaisivatkohan ne korottaa sitä siinä kuin omiakin palkkojaan?

Viimemainittu on melko puhdasoppisen eurooppalaisen ylhäältä johdetun sosiaali- ja holhousvaltion ratkaisu. Työ on kovassa kurssissa, on aina ollutkin, eli kaiketi pajasta päästettäisiin pois vasta sitten, kun joku markkinatoimija suostuisi ottamaan pienen ihmisen siis palvelukseensa eikä työsuhteeseen. Valistunut arvaukseni on, että tuolloin henkilöstöpalveluyritykset tekevät rahaa kuin ei koskaan ennen.

Toistaiseksi tulevaisuuden hahmotelmat ovat koostuneet robotisoiduista tehtaista ja kaupoista, joiden harva henkilökunta, keille ties kuka maksaa palkan, saa hoitaa kaiken seiniensä sisällä tehtävän työn. Meillä on jo lukematon määrä monisähläjiä, joiden työtä syövältä sekä tekijäänsä nöyryyttävältä vaikutukselta puolustelijansa koettavat sulkea silmänsä. Ehei, kyllä vast'edeskin kolmesta työstä saa 0.75:n palkan.

Haihattelijoissa siis löytyy. On avoimen yhteiskunnan haikaajia ja mielestään fiskaalisia tyyppejä, jotka kuvittelevat minimipalkkalain toteuttavan utopian: samanaikaisesti paljon uusia työpaikkoja ja rahaa valtion kassaan. On höpelöt, jotka kuvittelevat olevansa monipuolisia työntekijöitä, mutta oikeasti ovat pelkkiä toisten eväiden syöjiä ja pelkureita. Mitä sitä ilmeistä totuutta kaunistelemaan.

Mutta jos ei olisi heitä, työttömyysteollinen kompleksi olisi naurettu olemattomiin ja koko tämä kirja olisi jäänyt kirjoittamatta. Miksi olisi vaivauduttu, jos kerran laillisuus- sekä sopimusyhteiskunta olisivat jämäkästi puolustaneet nyt niiden ihmisten jälkeläisiä, jotka kauan sitten perustivat ne omaksi turvakseen? No, sehän se keskeisin ongelma onkin, että kun tuo turva on aina ollut jokseenkin häilyväinen.

Työaikalakikin sääti ja säätää yhä paljon sellaisia asioita, jotka olisivat kuuluneet työehtosopimusten piiriin. Niinikään, jos alalla yhä on irtisanomissuojasopimus, se merkitsee ainoastaan, että potkut voidaan käräjäoikeuden sijasta käsitellä myös Työtuomistuimessa, ei muuta. Kuinka pitkälle Suomi loppujenlopuksi päästiin sopimusyhteiskuntana jonkun tietyn työmarkkinamallin kautta?

Ay-aktiivien, noiden verkostomarkkinoinnissa ilmaiseksi raatavien hyväuskoisten hölmöjen, mielipide on usein ettei liittoja saa arvostella, koska ilman niitä ei olisi tätäkään vähää. Mutta siinähän se juuri onkin. Saatiin niin vähän kun saatiin, koska liikkeen kaikki valta on turhautuneiden ammattivallankumouksellisten käsissä, jotka odottaessaan haluavat lähinnä itselleen paljon palkkaa sekä vähän työtä.

Erityisesti työvoimapolitiikka on ollut kuuma aihe kevätlumilla 2018, jossa puoluepoliittinen syyttely on kokenut suorastaan uuden tulemisen. Työttömyysteollisella kompleksilla ei menisi näin lujaa, jos ei olisi Sipilän hallitusta palautettuine odotusaikoineen, peruttuine leikkauksineen, käyttämättömänä palautuneen määrärahojen kierrätyksineen. Sekö muka on työttömien auttamista?

Mitä siihen nähden on sosialidemokraattisen opposition ponnistelut, kun tavoite on vain hallituksen avittaminen kannatuksen luisuun ja päättämättömyyteen? Kun sama puolue keksi koko kiduttavan työtoiminnan käsitteen ja sen puheenjohtaja Rinne olisi laittanut pitkäaikaistyöttömät "vanhuksia hoitamaan" ties millä järjestelyllä. Suuttumus nousi ja selitykset paranivat, mutta eipä sitten juuri muu.

Minusta työttömyysteollisen kompleksin käsitteellistäminen ja puheeksiottaminen on ollut oikea teko juuri tästä syystä. Ei mikään poliittinen puolue työttömistä oikeasti välitä tai ole sitoutunut heidän ihmisarvoiseen kohteluunsa. SDP:n Viikko Pohjois-Karjalakin kirjoitti aktiivimallin eduskuntakäsittelyn aikaan, että toivottavasti palveluita lisätään, jotta kaikki voivat täyttää uuden lain mukaiset velvollisuutensa. Niinpä!

Työttömät ovat aina keskuudessamme ja heillä pelataan sujuvasti törkeää peliä niin taloudessa kuin politiikassakin, mutta yhdestä ei päästä eroon. Olkoon vallalla sitten kalteri-, lapio-, rahallaostamis-, lume- tai palkattoman pakkotyön linja, se johtaa aina lopulta ihmisten mielivaltaiseen kohteluun sekä nöyryyttämiseeen.

Niin syvässä ylhäältäpompottelun periaate vain on. Se työttömyysteollinen kompleksi.

Entä sitten eli miksi vallankumoukset tapaavat mennä myttyyn

Jokaisen omasta mielestään oikeassaolevan vallankumouksellisen ja sun muun kiihkoilijan kannattaisi pitää mielessään otsikkoni ajatus. Historia osoittaa, että oltiinpa itse kuinka tosissaan tahansa niin silti maailma ei loppunutkaan eikä maa revennyt jalkojen alta sisäänsä imaisten. Jäätiin henkiin ja joudutaan tekemään aika noloa tiliä omista sanomisistaan sekä tekemisistään.

Minä sanon kapitalistia kapitalistiksi, koska sellainen hän nyt vain sattuu olemaan. Mutta vaikka hän itsekin toisin toivoisi, en silti voisi paljoa välittää hänen rahoistaan tai hengestäänkään. En aio ryhtyä kelvolliseksi viholliseksi, joka ei koskaan saa merkityksellistä valtaa yhteiskunnassa, mutta joka saatetaan kyllä ostaa hallinnoimaan noita samoja, hyvin epäoikeudenmukaisesti kertyneitä, rahoja.

Nimittelijöitä epäilemättä riittää siitä huolimatta, koska Suomessakin maan tapa on, että mennään henkilökohtaisuuksiin, jotta vältettäisiin itse asiasta puhuminen.

Kiitoskiitos, mutta nyt olisi kyllä vähempikin vimma välttänyt. Jos aivoissa on ylipäätään enemmän kuin yksi toimiva osanen, kysypä itseltäsi miksi luulet minun surevan, koska en päässyt joukkoon, jota en ikinä pitänyt minään?

Hyvinvointivaltio oli siis perustettaessaan tahdon asia ja on sitä yhä. Sosiaalista insinööritaitoa, tavataan lievän tönkösti alkukieltä mukaillen sanoa. Haluttiin muokata yhteiskunta tietyn näköiseksi, koska lopputuloksesta oli vahva näkemys. Alussa oltiin hyvin keskitetyn suunnitelmallisia ja ylhäältä johtavia, mutta uskottiin että käytettävissä oleva vapaus lisääntyisi, kun projektin valmistumisaste kasvaisi.

Oho. Ei mennytkään niinkuin oli luultu. Maassa kuin maassa kiivaimmat hyvinvointivaltion rakentajat on syrjäytetty vallasta ja heidän taidonnäytteitään on revitty kiivaasti tonttiin. On myös ne keille koko käsite on vain silkka raha-automaatti ja ne keitä ei ikinä saada myöntämään hyvinvointivaltion olemassaolon oikeutusta. Vastaavia oli loppujenlopuksi useitakin, mutta tällä erää vain tärkeät mainitaan.

Eräs toinen hyvä kysymys auktoriteettien ja toisinaan jopa totuudenkin jälkeisenä aikana kuuluu, että onko joku liian iso epäonnistuakseen vai ollakseen olemassa. Hyvinvointivaltiot kun olivat keskitetysti suunniteltuja ja ylhäältä johdettuja, mikä nosti myös usean pikkunilkin luontoa. Kun he alkoivat uhota vastapuolta hiljaiseksi, selitettiin edustamansa instanssin olevan niin iso, että se noudattaa aina lakia.

Kapitalismi ei hyvinvointivaltiota ainakaan voittanut. Se ei tullut edes lähellekään, sekä keskittyi aina aivan liian intensiivisesti rullaamaan kaikki ulottuvilleen tulevat rahat. Tokkopa haluaakaan, sillä sen tarkoitus on voitontavoittelu eli pääoman arvon lisääminen, ja hyvinvointivaltion taas on mahdollisimman monen mahdollisimman suuri hyvinvointi. Silti, vallanmenetys ja maksumiehyys tuskin miellyttää sitä.

Hyvinvointivaltiosta puhuttaessa pitää kuitenkin samalla ymmärtää, että se oli myös aina jonkinsortin lunnaat yhteiskunnan rauhallisuudesta ja vakaudesta. Tämä näkökantti oli omiaan menneessä pakottamaan sen ja kapitalismin tietynlaiseen vaivautuneeseen rinnakkainoloon. Nykypolven kapitalistit, yritysjohtajat ja hallitusammattilaiset tietävät tuosta ajasta enää vain, että eivät halua palata siihen.

Mutta eihän kaikki ollut pelkkää yhtenäistä kivipaatta silloin ennenkään. Jo näet toisen maailmansodan jälkeen itse liukuhihnan keksinyt Henry Fordkin oli sitä mieltä, että yhtiön asuinalueilla tupa-kaappi-siisteystarkastuksin jöötä pitänyt sosiologinen osasto jouti mennä, koska oli pelkkää rahanmenoa eikä siksi kannattanut. Hyvinvointivaltio oli ja on siis yhäkin vahvasti tahdon asia.

Itse suhtaudun myös hyvin epäillen yhteiskuntasopimuksiin vaikkapa nyt tietyn prosentin työllisyysasteesta tai peräti täystyöllisyydestäkin. Se kuulostaa toivottomasti jälkikäteen sepiteltyltä sadulta, joka käsittelee myöhemmin määriteltyä 1900-luvun ”hyvien aikojen” vaihetta. Ei kukaan pidä ketään töissä, jos ei töitä ole, mutta kun sitä töiden olemista tai olemattomuutta ei voi tuosta vain selvittää.

Teollinen vallankumouskin sai näet moisen nimen hyvästä syystä. Aina vähän kerrallaan tekniikka lisääntyi ja parani, joten ensin käsityöstä tuli liukuhihna ja nyt teollisuus on logistinen solmukohta, missä osa- ja sopimusvalmistajat kohtaavat. Ihmistyö väheni koko ajan ja sen toivotaan katoavan lähes täysin, joten kuka lopulta petkuttaa ja ketä puhumalla esimerkiksi työllisyydestä tai työvoimapolitiikasta?

Ayn Randin Atlas Shrugged -kirja on täysi raivostuttavaa saarnaamista, josta tähän kohtaan sopii metallitehtailija Reardonin sanat veljelleen, kun tämä äitinsä kannustamana toivoi jotain lokoisaa toimistotyötä rahanmenoa ehkäisemään. Että ei niitä työpaikkoja tuosta vain luoda eikä kenelläkään ole oikeutta sellaiseen. Niinikään kirja välittää kuvan työmarkkinoista, joilla on aina työn hinta kohdallaan.

Välikausipresidentti Martti Ahtisaaren aikana Jeremy Rifkin oli muotia, ja hänen mukaansa työ todentotta loppuisi, mutta ei se mitään koska elämässä voisi olla toisenlaistakin mielekkyyttä. Mutta sitten seurasi kuitenkin taas uusi nousukausi, joten enää tuskin kukaan muistaa ainoaakaan hänen teeseistään. Esimerkiksi, että mitä tietotekninen vallankumous oikeasti tarkoitti. Hyvä, jos muistaa nimenkään.

Me elämme Suomen politiikassa nyt vihan vallassa, koska samoja aikoja blokit ja suunnittelupolitiikka murtuivat viihteellistävän henkilökeskeisen areenapolitiikan, sekä niin sanotun yleispuolueen tulemiseen. Esimerkiksi Kalevi "infokratia" Sorsa oli tässä ajassa lopullisesti out yhteiskuntasopimussekoilunsa jälkeen. Kukaan ei enää muistanut, että vuosia aiemmin hän oli sallinut säätää velvoitetyöllistämislain.

Tuo laki oli viimeinen hyvinvointivaltion hengessä tehty, ja samalla myös perinteisen työvoimapolitiikan viimeinen peliliike. Tänään kaikkia inhottavina rehottavat rumat kukat nostaneet vihan siemenet kylvettiin, kun velvoitetyöllistämislaki sai niin arvottoman lopun. Tämä vihastutti monet perusteellisesti, sekä mursi heidän uskonsa hyvään yhteiskuntaan, kun konsensuspolitiikan juhlakakku osoittautui sisältä silkoksi.

Työvoimapolitiikan niin sanotut asiantuntijat saattoivat toki naama vakavana sanoa, että se oli tehoton ja kallis väline, joka joutikin panna pois. Mutta sen kun tekivät, että yhteensä kuuden muutoksen jälkeen kumosivat koko lain, tuli minun mielestäni myös samalla tehtyä rikos tulevia ikäpolvia vastaan. Silloin aika muttui: ei tule enää kelolinnoja ja seuraava sukupolvi tulee aina olemaan edellistä köyhempi.

Vihaajat meillä on aina ollut keskellämme, mutta väitän ettei viha olisi koskaan kulkeutunut politiikan käyttövoimaksi niinkuin presidentinvaalikamppailukin osoitti, jos tuota sukupolvipetosta ei olisi tehty. X, Y ja Z -sukupolvilta ennaltaehkäistiin mahdollisuus tuntea oma arvonsa, jättää jälkensä maailmaan ja löytää rajansa työllä. Siispä, kyllä syntipukit aina keksitään, kun on jo valmiiksi sydän täynnä vihaa.

Siksi meillä on vihervasemmiston vihaajat ja tukiluukusta suutaan louskuttavat keskiluokkaan vetoajat, sekä ennenkaikkea siihen kuuluvaksi itseään luulevat. Sitäkin huvittavampaa on, että moni isämmaam puallustajista on itsekin yhteiskunnan vähimmäisturvalla eläviä syrjäytyneitä reppanoita, mutta jos ei heitä olisi ollut, olisi Trumpin presidenttiyskin Amerikassa olisi jäänyt pelkäksi vitsiksi.

Nykyisen hyvinvointivaltion mielestään aktiivisessa työvoimapolitiikassa on siis unohdettu aivan perusasiatkin. On ihan turha lässyttää ”ilmaisen rahan maksamisesta kotiin”, koska vaikka kenenkään ei pitänyt jäädä pitkäaikaistyöttömäksi niin jäipä vain, sillä nyt töitä on tarjolla olennaisesti entistä vähemmän. No, sitten ne rupesivat ”aktivoimaan” eli käytännössä tarkoittavat tehdä sosiaaliturvasta vastikkeellisen.

Vihasaarnaajat taas mellastavat, että ”minun rahat” ja ”meidän rahat” sitäsekätätä. Lähinnä kai siksi, koska haluavat sosiaaliturvajärjestelmän nurin, sillä heikäläinen suhteellinen ihmisarvo on vain ihmisvihaa tarkoittavaa peitekieltä. Kai se on sitten niin, että he eroavat valtavirrasta enää sanomisen karkeudessa. Jos tuosta heidän toiviounestaan tuleee totta, sen jälkeen kaikki ovat oman onnensa nojassa.

Siksi ei pidä ihmetellä yhtään esimerkiksi

työttömyysturvan nauseatiivimallia, joka on haihatteluponsista huolimatta sitovaa lakia, mikä puree huhtikuusta alkaen. Vielä silloin yhdessä osassa ollut vihasaarnaajapuolue pystyi valmistelemaan ja esittelemään lain, sekä hallitukseen jääneet varmistivat sen läpimenon. Oli ihan sama mitä joku räyhänhenki mellasti presidentinvaaleissa, sitä nyt ei usko enää kukaan.

Ja nyt niiden hallitukseen jäänyt vähemmistö siis selittelee, että tapahtunut ei muka ole budjettileikkaus, vaikkei juuri kukaan ei tule pystymään täyttämään ehtoja ja siten joutuu täysin oletusarvoisen mekaanisesti kärsimään etuutensa pienennyksen. Tai kuinka aiemman leikkauksen peruutus, sekä käyttämättömänä palautuneen määrärahan uudelleenohjaus on muka aktivointiin sijoittamista, höpöhöpö.

Valitseepa kumman tahansa, lopputulos on että hyvinvointisovinismissaan tai -oligarkkiudessaan molemmat rikkovat tasapainoisen yhteiskunnan perustan. Se vaan menee yhäkin niin, että oltava sekä oikeuksia että velvollisuuksia, tai mitään saadakseen on myös itsekin annettava jotain. Ja ei, velvoite olla osa-aikatyössä täyden työttömyysetuuden saadakseen ei yksinkertaisesti kelpaa.

En kehtaisi edes sotilasvarustevalmistajan tekemien suojakansien väliin panemaani vihkoon sommitella, että kuinka nopeasti henkilöstöpalveluala polkee pystyyn nälkäpalkkatyöbisneksen, joka syntyi kaikkialle muualle maailmaan missä vastaava keikaus vietiin loppuun asti. Saakohan valkoinen mies vihasaarnaajien soppatykistä sopan, tuohivasusta leivän ja pystöstä veden, jos on oma pakki sekä lusikka?

Haavikkolainen pessimismi opetti 1990-luvulla, että maailmasta tuli rajaton, jossa yhden napin painolla voi vaikka tyhjentää kokonaiseen yhteisöön sadan vuoden aikana kertyneen elinvoiman ja varallisuuden. Selvää on, että näin toimivia ei saada ihan vähällä istumaan pöytään siinä kabinetissa, johon elinkeinoelämä ei enää halua tulla sisäänkään. Väitän, että tämä on harkittua ja perustuu haluun tyhjentää pajatso.

Siksi olen haluton joustamaan yhtään mistään, koska suoraan sanottuna minusta Sipilän hallituksen epäonnistunut politiikka on luonut korttipeliin saletin. Joko hyvinvointivaltion romutus tulee sen kautta vähän kerrallaan niin, että nimi ja seinät säilyvät vaikka sisältö onkin jo tyystin toinen. Tai sitten syntyy äkillisen kriisin kautta koko höskä tonttiin -loppupeli, jossa kirveet ja kenttälapiot alkavat heilua rumasti.

Niin, eivät ne halua neuvotella ja saavuttaa konsensusta, mutta toisaalta niillä ei liioin myöskään ole yhtään mitään annettavaa. Aivan yhtä hyvin voisi todeta, että tämä nyt on politiikasta iänkaiken tuttu huijausmenetelmä, jossa se mitä ei ikinä saataisi normaalioloissa edes otettua puheeksi tehdään kriisiaikana sanelupohjalta. Kriisi voi olla todellinen tai silkkaa sepitettä. Todellisuustarkistus on kallista.

Juu, kyllä kai vesikin voi sitten loppua ellei älyä istuvansa ammeessa, jonka pohjassa olevan tulpan joku nykäisi irti ihan silkkaa ilkeyttä ja kiusanteon haluaan. En minä muuten, mutta näin ajattelin kun Kalle Heiskasen toimittaman legendaarisen 1990-luvun valtiovarainministeri Iiro Viinasen muistiinpano- tai päiväkirjan luin. Ei se

Haavikko hallusinoinut, ne tosiaan halusivat panna tämän maan uusiksi silloin.

Mutta sillä erää laillisuusperiaate, vallan kolmijako-oppi ja tärkeimpänä kaikesta työmarkkinajärjestelmä kesti. Toki, moni menetti tulevaisuutensa eikä enää koskaan omista muuta kuin velkaa ja tapahtumatkin olivat hyvin epäoikeudenmukaisia. Mutta rahaministerikään ei pystynyt käskyttämään aivan kaikkia eikä kaiken aikaa, vaikka tänään katsellaankin juuri sen ajan säästöjen jälkiä vähän kaikessa.

Työvoimapolitiikan kannalta oli kuitenkin kaikkein tärkeintä, että työehtosopimukset eivät murtuneet vaikka aiemmin jossain lähinnä palkkaliukumien nimellä tunnettu paikallinen sopiminen virallistui. Ja, että vaikka tuli alle 25-vuotiaiden koulupakko, niin työttömyysetuuksia ei kokonaisuudessaan romutettu. No, se on laiha lohtu sille, jolle työvoimapoliittinen lausunto näytti kielteistä, mutta kuitenkin.

Sitä siis sitten, että keskiluokkaisten arvojen, asiantuntijuuden tai yrittäjyyden ei pidä antaa petkuttaa itseään, koska niiden takaa löytyy periaatteessa ikuinen ja poistumaton ristiriita. Sitä voi nimittää niinkuin tahtoo tai vaikka teeskennellä olemattomaksikin, mutta irti siitä pääsee kokonaan tuskin koskaan. Kun ei ole tahtoa sopia, miksi kukaan viitsisi ehdottaa ratkaisuakaan?

Mahdollisen ratkaisun löytymisen tulisi alkaa siitä, että tunnustaa edes oman osapuolisuutensa ja tahtonsa. Väitän, että edeltävät 25 vuotta on tässä suhteessa hukattu jonninjoutavaan leikkiin, jossa kulloinkin mielestään voitolla ollut on pyrkinyt esittämään oman puolensa ”tolkun ihmisten” enemmistönä ja oman mielipiteensä ainoana järkenä. Siksi sitä tässä sotkussa nyt ollaankin.

Siispä, vaikka edellytykset olisivatkin kohdallaan, maahamme ei investoida vähäistä enempää eli niitä työpaikkoja ei luoda. Ei, koska elinkeinoelämä luulee voivansa saada samaan aikaan niin korkean koulutustason vakaan demokraattisen oikeusvaltion hyvinvointeineen kuin kehitysmaan kustannustason ja säätelyvapaan toimintaympäristönkin. Pitääkö tosiaan erikseen sanoa, että ei muuten saa?

Tämä työ on non-fiktion luokkaan kuuluva esseekokoelma tai vaikka sitten pamfletti mikäli niin tahdotaan, mutta sen puitteissa ei silti pidä lähteä kartoittamaan tulevaisuutta, koska se kuuluu fiktiotyypille missä tekijänsä kirjoittaa joko toive- tai painajaisuniyhteiskunnasta. Sehän siinä juuri onkin, että aina menestysteokset joko liippaavat läheltä olevaa tai ennustavat häkellyttävän tarkasti tulevaa yhteiskuntaa.

Tuleva työnhaun aktiivimalli on jo lähes kuin pahin dystopiakirjallisuuden taidonnäyte, jossa on vain se vakava vika että se on hallituksemme todellista politiikkaa eikä kirjailijan sepitystä. Sanokaas, moniko tämän lukeva tiesi edes että työtön työnhakija laatii jo nykyään itse oman työllistymissuunnitelmansakin tietoverkossa, ja rastittaa määräajan päästä että tuliko tehtyä eli ei?

Keinokos se siinä on, senkun vaan panee menemään tai menee panemaan, enemmän minua säälittää mahdollisten työnantajien hukkuminen toivottomien työnhakijoiden lurituksiin, joilla ei tavoitella kuin säädettyä polettia oikeaan pussiin. Mikäli siis joku haluaa tai edes pystyy kontrolloimaan, että montako revittyä tarkastuslippua mahtuu täyteen sankkoon. Mutta eihän sitä edellistäkään aktiivimallia vielä valvota täysin!

Tämän lisäksi on ilmeistä, että työttömien työnhakijoiden ja tarjolla olevien työpaikkojen välinen epäsuhta on räikeä, ne eivät kohtaa toisiaan edes siltä osin kuin voisivat. Nyt vetävät ihan uudet alat ja sitä sopivaa porukkaa tulisi olla jo. Sitäpaitsi, päivän sana on työpaikoille siirtynyt täsmäpikakoulutus, kun tutkintomuotoinen sellainen on aina myöhässä ja sitäpaitsi painottaa aivan vääriä asioita. Kuulemma.

Juha Sipilän toivon mukaan ainoaksi jäävä hallitus ei siis pysty muuhun kuin budjettileikkauksiin ja tilastopelleilyyn, joten sen eväät ovat virallisesti loppu jo vuotta ennen vaaleja. Premiääri itse sai näet puoluettaan hajottavalta kunniapuheenjohtaja Väyryseltä sellaisen tällin presidentinvaalissa, että viisainta olisi ollut poistua näyttämöltä jo tässä vaiheessa omalla ilmoituksellaan.

Jos siis työvoimapolitiikassa ei tapahtuisi ihmettä siten kuten kukin niitä vakaumuksensa ja maailmankuvansa mukaan sitten nimittääkin, pidän tämän hallituksen jatkoa vaaleihin asti lähes poissuljettuna. Tällä vuosituhannella ramman ankan hallitustaival on poikkeuksetta päättynyt nopeasti lihakirveen ja leikkuulaudan välissä. Tai siivittänyt asianosaiset uusille urille muilla mailla vierahilla.

Pysyvä korkea-asteinen pitkäaikaistyöttömyys on Sipilän hallituksen ongelmista pahimmasta päästä, mutta ratkaisut ovat olleet pelkän vanhimmista vanhan uudelleenkäyttöä. Pääosa kansasta ei oppinut koskaan irtolaisen ja työttömän välistä eroa, on heikosti sitoutunut kaikkien yhtäläiseen ihmisarvoon ja valitettavasti uskoo lähes kyseenalaistamatta mitä ylhäältä sanotaan. Siksi aktiivimallikin meni läpi.

Se kansa nimittäin oikeasti ajattelee, että juuri edellä kuvatuista syistä työttömiä saa kohdella vähän miten sattuu ja etteivät he ole rehellistä kunnon väkeä. Ammattiyhdistysliikekin teki päivän mielenosoituksen, mutta samalla esitti oman aktiivimalliehdotuksensa. Tuesta pitää periaatteessa kiittää, mutta samalla on pakko kysyä liekö ihmisarvo ja työmarkkinatodellisuus heillekään suuresti kirkastunut?

Sillä ovathan kaikki jo nyt liikuttavan yksimielisiä siitä, että työttömyysturvalla sai opiskella, mutta vähän näytetään käsitetyn etteivät korkeakoulun tai yliopiston ovet tuosta vain aukea. Tutkinto-opiskelijaksi on tulijoita täyden pääsykoesalin verran ja parin vuoden polkuopinnoissa saa maksaa satasia jo silkasta suoritusoikeudesta. Eivätkä koko keikan kustannukset todellakaan olleet tässä.

Kun tulot koostuvat toimeentulominimistä eli yhdistetystä työmarkkina-, asumis- ja toimeentulotuesta, on kyllin tekemistä olemassaolossakin. Työmarkkina-arvonsa parantaminen koulutuksella alkaa siis olla jo vaikean ja mahdottoman välissä. Niin, voisihan opiskella myös jonkun kivan työväenluokkaisen ammatin, ei sellaisessakaan mitään vikaa olisi. Ei ainakaan tulisi huolia rahasta tai saako tulevaisuudessa töitä.

Herroilla on herrojen ja työväellä työväen murheet, mutta miksi molempien pitää aina olettaa työttömän taipuvan tuosta vain älyttömimpiinkin kotkotuksiinsa? He kun nyt sattuvat yhäkin olemaan eläviä ihmisiä kaikkine sellaiseen tavallisesti kuuluvine piirteineen, joten paras olisi olla luulematta tai olettamatta yhtään mitään. Välttäisivät edes pahimmat ylilyönnit, oikeusmurhat ja tragediat.

Työvoimapolitiikka on sadassa vuodessa elänyt läpi kalteri-, lapio- ja lumelinjojen ajat. Reilussa 50 vuodessa huoltoavun takaisinmaksuvelvoite palasi vastikkeellisen sosiaaliturvan haikailun muodossa ja työlaitoksen tilalla on kuntouttava työtoiminta. Ei kovin hyvältä näytä, ei, vaikka sinällään toteutuksen ihmisarvoisuus onkin täysin kiinni meistä itsestämme. Me nimittäin olemme se yhteiskunta eikä kukaan muu.

Jälkisanat

Jos tämän kirjan jälkisanat pitäisi tiivistää kahteen virkkeeseen, sanoisin niiden kuuluvan seuraavasti: Itsensä omalla työllään elättävien aika on ohi. Tottukaa siihen.

Mutta valitettavasti pitää vielä käsitellä yksi asia. Onko SDP edunsaajien vai itsensä omalla työllään elättävän keskiluokan puolue, jotakuinkin näin kuului Hannu Jouhkin kysymyksenasettelu Demari ajaa bemarilla -pamfletissa vuonna 2010. Hän oli jokseenkin aikaansa edellä, mutta koska nuo viisaudensanat jäivät kuulematta, tuli vuosikymmenen taitteen porvareiden ja ”kansallismielisten” rynnistys.

Mutta täsmällisesti ottaen missä Jouhki oli edellä aikaansa ja mitä olisi tullut tehdä, siitä emme voisi olla enempää eri mieltä. SDP ei minua kiinnosta, koska yleensäkin puoluepolitiikka on joko ulkotodellista puoli- ja täyshullujen mellastusta tai suku- ja perheuskollisuuteen perustuvaa turvallisuudentunteen hakemista rutiinien hartaalla toistamisella. Kummassakaan ei ole minusta mitään ihailtavaa.

Minä olen huolissani yhteiskunnastamme kokonaisuutena ja erityisesti luokka-ajattelun kaikkein tympeimmästä puolesta, mikä tuossakin kirjassa tuli esiin. Se voi kukkia, koska konsensuksesta poliittisena järjestelmänä johtuu, että läpinäkyvyys ja vastuu vallankäytöstä ovat paikoin pahastikin rajatut. Äänestä ketä äänestät, mikään ei silti muutu, on tavanomainen viisaus tästä kysymyksestä.

Se taas tapaa johtaa poliittiseen passivoitumiseen tavalla, jonka vuoksi meillä ei ole tarpeen pelleillä äänioikeudella Amerikan malliin. Siellähän kovan paikan tullen puoluetoimitsija pelottelee äänestyspaikalla jonosta pois ne ketkä näyttävät ex-linnakundeilta, etsintäkuulutetuilta, maassaoloperusteeltaan epämääräisiltä tai ihan vaan vailla henkkareita olevilta. Johan muuttui vaalitulos toisennäköiseksi.

Ja taas ”In Finland we have this thing called hyväuskoinen hölmö”. Ilman itse itseään paremmaksi äänestäviä ja ostavia hyväuskoisia hölmöjä, joille kullekin tarjoutui omaa fantasiaa vastaava vaihtoehto 2000-luvun puolivälin eduskuntavaaleissa, emme olisi missään mielessä nykyisessä tilanteessamme, mutta erityisesti näin on heikoista heikompien kiroksi työvoimapolitiikan suhteen.

Jos olisi seurattu Hannu Jouhkin askelmerkkejä, pääministeripuolue olisi todellakin nyt SDP, mutta miten se olisi ollut eriasia kuin Keskusta? Minä väitän, että sieltä olisi yhä tullut yhtä törkeät aktiivimallit ja samanlaiset sosiaaliturvan leikkaukset kuin tuli muutenkin. Näin siksi, koska Suomessa poliitikko voi vailla edesvastuun pelkoa puhua yhtä ja tehdä toista tai viestiä kahteen suuntaan eri asiaa samanaikaisesti.

En nyt kertaa, että miksi liikavaltainen pääministeri, seremoniapresidentti ja eduskunnan niin tämä-tuo-kuin sekin tärveli parlamentarismin, sekä muutti vallan kolmijakomme lähinnä taruksi. Se on kokonaan uuden kirjan aihe ja saa jäädä seuraavaan kertaan. Toteanpahan vain, että ilman tätä ei olisi sitäkään eli työvoimapolitiikan surkeus johtuu myös politiikan surkeudesta eli järjestelmästä.

Pääministeriksi pyrkijä myy siis aina jollain tavalla unelmaa paremmasta, lähimenneessä se oli että kaikkihan tässä ollaan keskiluokkaa ja niin edelleen. Paitsi ettei olla. Pikkuporvareita eli herraa leikkiviä työmiehiä ei enää tunnisteta ja naureta paikalleen, jotta he pysyisivätkin pienenä vähemmistönä. Nyt he ovat korvanneet sivistyneen työläisaristokraatin, jolla oli arjessa työpuku ja juhlassa juhlapuku.

Luokka-ajattelun kaikkein tympein puoli näet on, että joka ainoa herrasta narriin katsoo asiakseen kytätä, neuvoa ja jopa ojentaa alaluokkaan kuuluvaa. Mitä siitä, että Kokoomus asenteellisesti vihaa hyvinvointivaltiota ja Keskustakaan ei koskaan hyväksynyt sitä oikeudeksi vaan tapahtuneeksi tosiasiaksi? Se oli odotettua, mutta SDP:n ei pitäisi ängetä seuraan käsitteen uudelleenmäärittelevällä kaksoispuheella.

Maailma on näet jo muuttunut eikä se tähän jää. Omalla työllään itsensä elättäminen on poistuva valinta, jonka tekemisen edellytykset alati vain kapenevat. Moni vain teeskentelee peittääkseen paniikkinsa. Esimerkiksi kuvittelee olevansa ylempää luokkaa ja ettei voisi koskaan pudota alas sen tasolle, jota otti oikeuden komentaa. Mutta kun sellaista takuuta ei tässä maailmassa ole enää kellään.

Asenteellinen tekisi siis hyvin, jos tajuaisi ettei ole vähääkään erikoinen tai etuoikeutettu. Onpahan vain sattumalta syntynyt oikeaan paikkaan ja silkkaa hyvää tuuriaan päätynyt auttavien eikä sortavien ihmisten käsiin, josta tuhansien vastaavien kaltaistensa lailla putosi lopulta pitkän putken päästä niihin asiantuntijahommiinsa, perheelliseksi, asuntovelalliseksi ja muihin soveltuviin stereotyyppeihin.

Mutta ehei. Ei tule tapahtumaan. Aivan kuten Yhdysvaltojen hyvinvaltiokehityskin muutti valkoisen työväenluokan demokraateista republikaaniseksi, koska ”niiden” tulo ”meidän” kanssa tasa-arvoiseksi oli liikaa. Ja sikäläinen keskiluokka taas ylikäveli samasta syystä niin ammattiliittonsa kuin solidaarisuudenkin, koska se taas puolestaan keksi että sillä on ”oikeus työhön”.

Todellisuudessa Amerikan työlakimonumentti Taft-Hartley sääti vain liittovaltion tasolla, että virka-avun antaminen lakkovahtiketjun ohittamiseen ratkaistaan osavaltioiden lainsäädännössä. Ei se vielä sinällään taannyt viimemainittujen oikeutta työpaikkaan. Aivopierun päästäjä on jäänyt tunnistamatta, mutta epäillään että se oli todennäköisesti joku dallasilaisen ison lehden pääkirjoitustoimittaja 1950-luvulla.

Sama ajatteluvääristymä on Suomessakin yhdellä jos toisella, mutta vaikka seuraus on sama niin syyt ja tapausten kulku ovat täysin eriävät. Ei tunnuta käsittävän sitten millään, että oikeasti yhteiskuntamme eliitti vihaa köyhiä ja työttömiä, eikä ole liioittelua sanoa käynnissä olevan jopa sota heitä vastaan. Ja etteivät ne nyt keskiluokkaakaan rakasta, joten sietäisi olla varovainen kenen asialla juoksee.

Edeltävät 70 vuotta olivat maailmanhistoriallinen poikkeusaika. Keillä on lämpimästi hellittyjä muistoja ankeiden lähtökohtiensa voittamisesta luokkaretken päättyessä onnellisesti, pitäköön kiinni muistoistaan. Vastaavassa mitassa tapahtunut keskiluokkaan nousu ei vähään aikaan toistukaan. Ja monen myös halutaan putoavan sieltä pois, koska he eivät osoittaneet riittävästi kuuliaisuutta sekä nöyryyttä.

Tämä on sinänsä vähän ristiriitaista, koska tiedetäänhän että työmiehestä se vasta tyly herra tuleekin. Niinikään suomalaisia ylempiään mielistelevämpää, pykälää palvovampaa sekä ilmiantavampaa porukkaa ei olekaan. Moni kuvittelee olevansa pysyvästi jossain asemassa, mutta minä sanon, että moiset asiantuntijat saavat itse lähteä sitten kun vastikkeellisen sosiaaliturvan tullessa heidän työnsä on tehty.

Minä kirjoitin tämän kirjan, koska jälkimodernissa ajassa ei enää tiedetä yhteiskunnan ja työmarkkinoiden perusteitakaan. Näkymä on täysi vahingonilosta tihkuvaa keskiluokkaista, hänen luokkapudokas-jälkeläistään, ammattipoliitikkoa jonka totuuksien viimeiseen käyttöpäivään on lyhyt aika ja toimittaja -nimikkeellä palkkaa saavia pellejä ketkä eivät tunnista totuutta mikäli sen joskus tapaisivat.

Työttömiä ihmisiä on niinikään tavattomasti ja jokaisella on oma tarinansa sekä kulkunsa siihen koettelemukseen, jota he elävät todeksi joka päivä. He eivät tarvitse määräaikaishaastatteluja, puheluita Te-

Palveluista tai näennäiskursseja vaan töitä. Niinikään, jos on leipäjonoon päädytty, annettakoon heidän edes jonottaa rauhassa, ilman jonninjoutavia henkilökohtaisten asioiden kyselyitä sekä kyttäämistä.

Käsitykseni on, että kova työvoimapolitiikka on vähintään puoliksi seurausta tyhmistä perinteistä, joita ei ole älytty purkaa, luetteloida sekä hävittää, etteivät ne enää toistuisi. Mutta valitettavasti toinen puoli tulee tyhmistä ihmisistä, joiden havainnointi-, ajattelu- ja samaistumiskyky on alentunut. Menetelmäni on ravistella sekä asettaa heidät tyhmyytensä kanssa silmätysten, koska muuten ne eivät opi.

Silti inhoan maailman sadanneksi väärinkäytetyintä hokemaa, jonka mukaan henkilökohtainen on poliittista. Se tapaa johtaa lähinnä henkilökohtaisuuksiin menemiseen, ei siihen että poliittinen toiminta ja henkilökohtainen käyttäytyminen olisivat linjassa keskenään niinkuin oli tarkoitus. Tai että esimerkiksi maan asioita hoidetaan kuin henkilökohtaista taloutta, joka on jo ihan silkkaa idiotismia.

Siinä kuin santsariystävänikin sanoi muuan nettivideosta, että ei hänen tuntimääränsä riitä karsimaan selkäydinreaktioita, olen minäkin alkanut ymmärtää inhmillisen käyttäytymisen pysyvän muuttamisen vaikeutta. Ei yhteiskunta muutu humaanimmaksi yhdellä päätöksellä. Asiaan pitää ensin sitoutua, se tulee jalkauttaa ja tästä huolimatta joudutaan kertaamaan säännöllisesti. Tai muuten kehitys pysähtyy.

On niinikään ihan turha tulla lällättämään, että kirjani on suunnattu sitä vastaan tai tämän puolesta. En näet anna yhdellekään puolueelle puhtaita papereita työvoimapolitiikasta ja suhtaudun kaikkien suorituksiin tällä alalla aika kriittisesti. Kysy esimerkiksi itseltäsi, että miten kuntouttava työpelleily paranee, jos järjestävä taho ei veloita tilaajalta rahaa vaan sitä kutsutaan talkoiksi? Niinpä. Ei paljoa.

Tiedän pyytäväni aika paljon, kun vaadin vahvempaa olemaan niin sortamatta heikompaansa kuin pidättäytymään omanvoiton pyynnistäänkin, koska yhteiskunnallinen tilanne on pahemman kerran epäselvä. Näin teen, koska on pelättävissä, että ilman harkintaa tilanne pahenee vielä entisestäänkin. Siinä jos onnistutaan, eliitin shokkitaktiikka ei toimi vaan ne joutuvat neuvottelemaan.

Harhautuksetkin kelpaavat. Kun eduskunta hyväksyi työttömyysturvan fiktiivimallin viime syksynä, yleisön mielenkiinnon vei ensin jonninjoutava alkoholiprosenttikeskustelu ja sitten persukansan edustaja Teuvo Hakkaraisen uudet sekä vanhat humalatöppäilyt. No, onneksi emme sentään käy amerikkalaistyylistä kulttuurisotaa ”todellisen suomalaisuuden” määritelmästä. Ainakaan vielä.

Yhden mallin tai työvoimapolitiikan työkalun tyrmääminen on silti sellaisenaan tarkoituksetonta. Ajattelemaan ja toisen asemaan samaistumaan pitäisi oppia, jotta mitään oikeasti merkityksellistä tapahtuisi sekä yhteiskuntamme kokonaisuutena paranisi. Siihen katsomatta, että tehdäänkö siinä enää palkkatyötä lainkaan ja jos niin kuka, miten sekä millä ehdoilla se tulevaisuudessa tapahtuu.

Palkkatyön tulevaisuuden suhteen en ole enää lainkaan varma, varoitan vain niin vedonlyönnistä kuin henkensäkin pidättämisestä. Ettei sattuisi vahinkoa. Kysymyksen oikeuttaa useiden osoittama halukkuus ottaa työn tulos hyväkseen, mutta että vastaavasti ne eivät haluaisi maksaa työn tekijöille palkkaa. Ja se kuinka välinpitämättömänä tai suorastaan neuvottomana tilanteen edessä seistään.

Ratkaistu kysymys ei ole, koska valitettavasti kaikkea mitä työ käsittää ei voi ulkoistaa, robotisoida, tuoda maahan tai viedä eikä julistaa tarpeettomaksikaan. Ei nyt ja tuskin lähitulevaisuudessakaan. Johan sen nyt kertoi jo Työväen Korkea Veisukin aikanaan. Siispä, olisi paras keksiä jotain ja toteuttaa se yhdessä sopimalla. Siis, todellakin sopimalla eikä uhkailemalla pakkolaeilla tai muuten kieroillen.

Sanomatta piti olla selvä, että palkaton, pakotettu tai työ vastikkeenaan pelkkä etuus ei ole hyväksyttävä vaihtoehto, mutta sanotaan nyt sekin vielä erikseen. Kun siis ei voi varmuudella ennalta tietää, että minkälaisella tietopohjalla, maailmankuvalla ja ihmiskäsityksellä varustetut ihmiset tämänkin kirjan lukevat. Ehkäpä joku tosiaan luulee itseään erikoiseksi ja etuoikeutuksi asiantuntijaksi, jonka työ ei voi hävitä.

Myönnettäköön, että työ ei hävinnyt 1900-luvun loppuun mennessä ja että maassa on yhä keskiluokka. Siksi siihen kuuluvilla on pitkä harppaus myöntää olevansa itsekeskeisiä hyvinvointivaltion kuppaajia, jotka on vielä tyhmyyksissään saatu köyhien vastaisen sodan raskaiden vankkureiden vetojuhdiksi, mitkä ruhjovat jokaisen kun ei ehdi ajoissa alta pois. Tältä bandwagonilta eivät hilpeät soinnut soi!

Myös oman erinomaisuutensa, uskollisuutensa ja muiden hienojen piirteidensä mainostaminen, että ensimmäisenä alettaisiin viemään noita muita eikä itseä tai läheisiään, on ikiaikainen tapa. Jos siis ei ole mitään käsitystä elämän pohjimmiltaan epäoikeudenmukaisesta ja arvaamattomasta perusluonteesta, tai kuvitellaan pelaavansa järjestelmällä vaikka todellisuudessa kuvittelija itse on se jolla pelataan.

Pohjimmiltaan tulevaisuus on arvoitus. Marxistien mielestä seuraavaksi piti tulla vallankumous, mutta se nyt on odotuttanut itseään jo edeltävät 70-150 vuotta. Siksi jopa Esko-Juhani Tennilän kaltainen entinen änkyräkommunisti selitteli vuonna 2017 television syvähaastatteluohjelmassa, että muka hänenkin tavoitteensa olisi koko ajan ollut Ruotsin kaltainen hyvinvointivaltio. Ai, se entinen vai nykyinen versioko?

Siksi pohjimmiltaan kukaan ei voi vielä tietää, että mitä kapitalismi keksii seuraavaksi. Mutta tämä on selvä: se ei ollut koskaan eikä tulekaan olemaan paras talousjärjestelmä. Parhaimmillaankin kapitalismi oli vähiten huono vaihtoehto, ja pahimmillaan se oli lähinnä sitkeä sekä selviytymiskykyinen, mutta toisaalta, niinhän ne ovat muutkin ihmisen kiusana olevat haittaeläimet kovasti hitaita kuolemaan.

Eräs itsekin kuoleva ammattikunta, lehtikuvaajat, on omassa työssään päätynyt tapahtuneen tosiasian eteen. Lakkoa tai ulosmarssia on tänään vaikea kuvata, koska perinteisiä joukkokohtauksia vyöryvine ihmismerineen ei enää synny sitten millään. Jaa-a, mistähän sekin mahtaisi oikeastaan johtua? Sitäpä sopii miettiä, kun koettaa keksiä että kuinka kuvaustehtävänsä taitaisi. Toiset osaavat, toiset eivät.

Kukin siis miettiköön tykönään mitä ikinä miettiikin, mutta on aivan naurettavaa väittää että kaikki on muka kunnossa, jos vain ”ne työttömät” saadaan ruotuun. Kyllä tässä on enemmän ja perusteellisempaa vikaa, ihan koko järjestelmässä itsessään.